石丸憲一 編著　東京・国語教育探究の会 著

国語教師のための授業技術コンプリート

明治図書

はじめに

　授業はなかなか上達しない。これは稿者が小学校，中学校，大学，大学院での足かけ40年の経験により心から感じていることである。このうまくいきそうでいかないモヤモヤした思いは一体どこから生じるのだろうとずっと考えてきた。

　万全の準備—教材研究や発問の準備—が今ひとつ納得できていないときにはもちろんうまくいかないことが多いのだが，万全の準備をしたとしてもうまくいかないことが多い。学校現場で行われる研究授業に立ち会うこともそろそろ500回を超えるくらいになったが，あれほど指導案作りに時間をかけたのになぜ？ということがいかに多いことか。

　そこで改めて，「授業力とは何だろう？」という基本的なことを考えた。そして，これまで教材研究からの発問作りに仲間と共に情熱をかけてきたが，それを形にする技術が身についていなければ，せっかくの努力の結晶の指導案も輝くことはないのではないかという結論に至った。

　つまり，授業力とは，簡単に言えば「授業を構想する力」と「授業をよりよい形で実現する力」＝「授業技術」の合力だということである。だとしたら，前者ばかりに気をとられ，後者については経験することで自然に身についていくものだと考えることは，教師自身にとっても，授業を受ける子供にとっても不幸なことではないだろうか。

教員の大量退職を背景に大量採用をするつもりが思ったように採用できず欠員が頻出し，更に多忙化するなかで病休者，退職者が多く生じているのが学校現場の状況である。かつては職人芸の伝承と同じように，先輩教員からの口伝や見よう見まねすることでできていた授業技術の継承が，このような状況では難しくなっている。

　そこで今回，可視化しにくい授業技術について，東京・国語教育探究の会の情熱にあふれた執筆者陣が，自らの授業技術について考察し，理論化を試みることで国語科の授業技術の喪失に歯止めをかけようと本書の刊行に臨んだ。『コンプリート』としたほどたくさんの観点から，しかも1時間（一部2時間扱い）の実践に即して授業技術に迫ったつもりではある。日本中の国語教師に役立ててほしいと思うと同時に，更に多くの観点での国語科の授業技術が語られるきっかけになれば幸いである。

　2024年8月

編著者　石丸憲一

目次

はじめに／002　　　本書の特長と使い方／007

第1章
国語科の授業技術とは
008

1．国語科の授業技術／008
2．「話すこと・聞くこと」の授業技術／012
3．「書くこと」の授業技術／016
4．「読むこと」の授業技術／020

第2章
基礎・基本の授業技術
024

1．音読指導の技術／024
2．漢字指導の技術／026
3．文法指導の技術／028
4．ノート指導の技術／030
5．板書の技術／032
6．机間指導の技術／034
7．発問・指示の技術／036
8．読書指導の技術／038
9．説明の技術／040
10．話し合い指導の技術／042
11．ローマ字指導の技術／044

第3章
「話すこと・聞くこと」の授業技術

046

1．課題把握・見通しをもつための技術／046

2．考えをもつ・意見形成のための技術／050

3．構成の検討のための技術／054

4．話す力を身につける技術①子供にとっての必然性を高める／058

5．話す力を身につける技術②話し合いのコツを発見させる／062

6．話す活動のための技術／066

7．話し合う活動（ペア・グループ・全体）の技術／070

8．振り返りのための技術／074

9．楽しんで話す・話し合うための技術／078

10．聞く力を育てる技術／082

第4章
「書くこと」の授業技術

086

1．課題把握・題材設定・見通しをもつための技術／086

2．情報の収集のための技術／090

3．考えをもつ・意見形成のための技術／094

4．構成の検討のための技術①意図的に考えさせる／098

5．構成の検討のための技術②観点を意識して書くことを促す／102

6．書くための話す活動（ペア・グループ・全体）の技術／106

7．書く（記述する）ための技術／110

8．推敲のための技術／114

9．楽しんで書くための技術／118

10. 共有のための技術／122

11. 振り返りのための技術／126

第5章
「読むこと」の授業技術

130

1. 課題把握・見通しをもつための技術／130

2. 構造と内容の把握のための技術／134

3. 構造を捉えるための技術／138

4. 精査・解釈のための技術①話し合いをつくる／142

5. 精査・解釈のための技術②画像検索でイメージ化を促す／146

6. 精査・解釈のための技術③描写で読む／150

7. 考えをもつ・個別解決のための技術／154

8. 読むための書く活動の技術／158

9. 読みを深める技術①情景描写で読み深める／162

10. 読みを深める技術②板書で読み深める／166

11. 読みを深める技術③交流で深める／170

12. 読みを深める技術④書き方の効果に着目する／174

13. 読みを深める技術⑤経験を踏まえながら読む／178

14. 考えの形成を促す技術／182

15. 楽しんで読むための技術／186

16. 授業をまとめる技術／190

17. 振り返りのための技術／194

執筆者紹介／198

本書の特長と使い方

　第１章は，国語科の授業技術とは何かということについて，各領域ごとに述べている。国語科は幅広い領域で構成されており，当然ながらそれぞれで必要な授業技術は異なるものであると考えているので，ぜひご一読いただき，それぞれの領域に必要な授業技術についておさえていただきたい。

　第２から５章は，第１章で述べた授業技術の概念を具体化し，国語科で求められる授業技術を一般化したものである。

　第２章は，音読，漢字などの授業の基礎・基本の場面に焦点を当てて指導技術を紹介している。ここではご自身の実践に当てはめて，自分ならではの授業技術を位置づけることに役立ててほしい。各項目の最後にある「授業技術アップのヒント」では更に技術が高まる数々のヒントを紹介している。

　第３から５章は，「話すこと・聞くこと」，「書くこと」，「読むこと」の領域別に，各単元，各時間のなかで授業技術がどう生かされるのかをできる限り可視化して紹介している。各授業技術を実際の授業でどのように活用すればよいのかがわかる活用場面も技術を活用する学習活動には網掛けで強調して併記しているので，１時間のなかのこの部分でこう技術が発揮できるということまで詳しくわかり，これまでにない提案になっている。

　同じような単元での授業をするときに，少し意識していただけたら，自分の授業技術をメタ認知し，更に強化することができる。

第1章　国語科の授業技術とは

1．国語科の授業技術

「授業技術」とは何か

　「授業技術」を持たない教師はいない。とりあえず授業が成り立っているのであれば，何らかの授業技術を持っていると言える。ただし，授業技術には常識レベルのものから高度なレベルのものまであり，それゆえ教師により授業技術には差があることは明らかである。では，授業技術とは何なのだろう。また，私たちが追い求める高い授業技術とはどういうものだろう。

　「授業技術」について，広く言えば授業を成り立たせている全ての技術のことであり，教材研究をし，授業を構想し，発問を考え，そして実際に授業をすることである。ただし最善の準備をしたからといって，よい授業ができるとは限らない。職員室でできることと教室でできることは次元が異なる。本書では，授業前，授業後にすることと授業中にすることを分け，授業中に働く技術を授業技術と位置づけて追究することとする。その上で授業技術とは何かを考えたときに，授業前に構想していたことを実現する技術及び授業を即時的な対応によってよりよいものにしていく技術と位置づける。

なぜ，今「授業技術」か

　なぜ今，授業技術が問題になるのか。理由は二つ考えられる。一つは，授業技術がそのときどきの教育のあり方と大きく関連することにある。当たり前のことではある（と思われていないかもしれない）が，必要となる授業技術は時代によって変わる。稿者が教師になった頃の授業観は「教える」ことが優勢で，そのことに何の疑いも抱いていなかったから，効率よく「教え

る」ことが授業技術として求められていたと言える。

　しかし，しばらくすると，「教える」から「学ぶ」へのパラダイムシフトにより，授業技術も子供たちの学びを支えるものであることが求められるようになる。例えば，アクティブ・ラーニングが提唱されたときには，グループ学習を構成しコントロールする技術が求められた。その後，「主体的・対話的で深い学び」では，子供を主体的にする授業技術，あるいは授業を対話的なものにするための様々な手法を使いこなせる授業技術が求められた。そして，現在は，「個別最適な学び・協働的な学び」のための授業技術となっている。このように，授業に求められる技術は，普遍のものもあるけれど，多くはそのときどきの教育の方向性，教育観によるものだと言える。とは言っても，学校現場の変化を見る限りは，それぞれの授業技術へのマイナーチェンジで成り立っていったように感じられる。

　しかし，現在の課題である「個別最適な学び・協働的な学び」を実現するためには大幅なバージョンアップでなければ対応できないと考える。なぜなら，近年の教育改革では協働的な学びの導入を基本にすればほとんどの要素を満たすことができたが，「個別最適な学び・協働的な学び」については，「個別」と「協働」という相反するものを一体化するという難題だからである。

　「個別最適な学び・協働的な学び」の一体化とは言っても，それを実現するには確実に資質・能力を身につける個別の学習を実現する授業技術が求められている。そして，個をより高める協働的な学びを確立する授業技術も同時に求められている。形式的に行うレベルでは「資質・能力」にまで至らないことはこれまでの教育が実証している。だから，両者を関連づけてより高次のものに引き上げていく授業技術として確立されなければ通用しないのだ。

　もう一つの理由は，ここ10年ほどの発問研究の発達，充実ぶりにある。国語科だけでなく，どの教科でもよい発問を生み出すことが盛んに行われてきた。それは，授業における話し合い学習の重要さが高まれば高まるほど積極的に行われる。なぜなら，話し合い学習を左右するのは発問の善し悪しだと考えられているからである。本書の著者集団である東京・国語教育探究の会

のメンバーも必死に発問研究をし，他者の追随を許さないような発問を作ろうとし，実際にある程度の成果を残すことに成功している。優れた発問はベテランに限らず若手でも可能である，いや，若手の方が先入観に囚われないからより新たな視点からの発問を作れるのかもしれない。

　しかし，よい発問を作っても，実際にそれを生かして授業できなければ宝の持ち腐れである。現在の若い教師の占める割合がこれまでになく多くなっている状況のなかで，彼らがより高度な授業力を身につけることは喫緊の課題であり，今，授業技術について改めて考えることが必要なのである。

　ここであえて断っておくが，教材研究や発問作りよりも授業技術が重要であるということは一切ない。授業技術に長けていても，優れた学習デザインや発問がなければせっかくの授業技術も活躍の場を得ることがないのである。つまり，教材研究や発問作りの技術と授業技術は対になるものであり，車の両輪をなすものである。本書においては後者を中心に論じているが，当然そこには優れた学習デザインや発問があってこそであり，これまでの成果として生まれたそれらを生かすというスタンスが欠かせない。

国語科の授業技術とは

　授業技術という視点を得て国語科と他教科を比較すると，国語科の特殊性がより明らかになる。他教科では領域が異なっても，授業の仕方自体はそう変わらない。例えば，算数科で言えば，「数と計算」であれ「図形」であれ「測定」であれ，〈問題提示・確認→個人追究→交流による解決→まとめと応用〉という形でほぼ授業がされている。技能教科の体育科であっても，器械運動，陸上競技，水泳など領域が異なっても，１時間１時間は，〈めあての確認→やってみる（実技）→うまくいかないところについて考える→もう一度やってみる（実技）→振り返りとまとめ〉という展開で授業が成立する。

　ところが，国語科では，「話すこと・聞くこと」，「書くこと」，「読むこと」という領域があり，その領域ごとに単元の構成が異なり，同じパターンでは

授業が展開できない。それは特に理解領域と表現領域で顕著な差となって表れる。理解領域，特に「読むこと」では，文字通り理解することがゴールとなる。集団としても，あるいは自分なりにでも「わかる」ことが大切なのである。ところが，「話すこと」や「書くこと」の表現領域では，「わかる」ことがゴールにはならない。むしろ，自分のなかで答えを作っていくことが求められるのである。「ない」ものから「ある」ものを生み出すのである。

　このように考えると，「授業技術」は「内容」と「活動」と「教師の働きかけ」のかけ算によって極めて多くの局面で求められており，その局面ごとに必要な「技術」があることになる。まとめると下図のようになる。

内容（領域）		学習活動		教師の働きかけ
・「話すこと・ 　聞くこと」 ・「書くこと」 ・「読むこと」 　（文学） ・「読むこと」 　（説明文） ・「言語事項」 ・「情報の扱い方」 ・「我が国の言語文化」	×	・課題をもつ活動 ・理解する活動 ・考える・意見をもつ活動 ・書く活動 ・発表する活動 ・話し合う活動 　（ペア・グループ・全体） ・深める活動 ・まとめる活動 ・次につなげる活動	×	・発問する ・指示する ・アドバイスする ・指名する ・机間指導する ・話し合いに介入する ・板書する ・方向転換する ・まとめる ・ICTを使う ・ワークシート作成 ・ノート指導

　このことは，極論すれば毎時間必要となる授業技術が異なることを意味するのである。しかし，経験によって全領域にわたるものと，各領域ごとのものに分けて考えることができる。それが自分に足りない授業技術をメタ認知することにつながり，総体としての授業力の向上につながるのである。

第1章　国語科の授業技術とは　011

2．「話すこと・聞くこと」の授業技術

「話すこと・聞くこと」という領域の特殊性

　私たちの日常生活には，「話す」「聞く」という行為が密接に関わっている。挨拶に始まり，同僚とのやりとりから友人とのおしゃべりまで，話し言葉によるコミュニケーションは私たちの生活の基礎となっている。

　しかし，こうした「話す」「聞く」行為そのものについて考える場面は必ずしも多くない。大人である私たちにとって，話したり聞いたりする活動はあまりにも当たり前の活動であり，普段はほとんど意識されることがない。小学生も普段からある程度の話す・聞く活動ができているため，学習指導の必要性や授業の効果が感じられないということがあるかもしれない。

　では，「話すこと・聞くこと」の授業ではどこを目指し，何を学習させる必要があるのだろうか。ここでは，「話すこと・聞くこと」の授業技術を考えるための前段階として，本領域の特殊性について考えてみたい。

　まずおさえるべきは，この領域では「音声言語」によるコミュニケーションが指導の対象となるという点である。文字言語とは異なり，話し手の表情や視線などの非言語的な情報もコミュニケーションに大きく影響している。また，特定のスキルを取りあげたとしてもそれが有効な場は一様ではない。具体的な文脈から切り離した指導ができないため，教師がその場で価値づけたり，文脈が理解できるような学習材を準備したりしなければ，表層的な学習に留まってしまうことが考えられる。さらに，音声言語には即時的に消えてしまうという特性が備わっているため，文字媒体の教科書のみによる指導が難しく，記録がなければ抽象的な学習に終始してしまうこともある。

　また，「書くこと」や「読むこと」の領域は「書く」「読む」という言語活

動に絞られた状態で領域が設定されている。一方,「話すこと・聞くこと」は「話す」と「聞く」という一対の言語活動がセットで位置づけられていることに加えて,更にもう一段難易度の高い「話し合う」という活動が含まれている。そして,「話す」という言語活動のなかにはスピーチやプレゼンテーションなど多様な活動形態が想定され,「聞く」という行為は外から観察ができないという指導の難しさがある。さらに,「話し合う」活動は,自己と他者の相互行為により成立するため,国語科の広範な守備範囲のなかでも,最も指導が難しい領域の一つであると考えられる。

「話すこと・聞くこと」の授業技術

では,様々な特殊性を有している「話すこと・聞くこと」領域の授業はどのように展開するとよいのだろうか。基本としたいのは,普段は意識されない話す・聞く・話し合う活動そのものについて子供が自覚的になり,次の話す・聞く・話し合う活動において活用できる話し方・聞き方・話し合い方を意識化させるという考え方である。子供が話し方・聞き方・話し合い方を生かしながら,他者との対話に向かおうとすることを励ますような実践が,小学校から中学校の国語科の授業のなかで生み出されることが望まれる。

ここでは「話すこと・聞くこと」の授業技術の枠組みとして,以下の３つを提示し,それぞれについて考察してみたい。

　①教師が学習内容を生活のなかから発見する技術
　②教師が最適な学習指導の方法を選択する技術
　③教師が子供たちのやりとりを学習材化する技術

①教師が学習内容を生活のなかから発見する技術

先述の通り,話し言葉によるコミュニケーションは複合的な要素から成り立っており,表層的なスキルとして提示するだけでは子供による活用は期待できない。ここで求められるのは,教師が子供たちの言葉のやりとりを分析

的に捉え，日常的なコミュニケーションのなかに学習内容を見出すという営みである。具体的に言えば，学習を開始する前段階で子供は既にいくつかの優れた発言を無意識に表出していることが多く，そうした発言を文化的に大切にすべきものと捉えなおし，学習内容として設定する技術が考えられる。もう一つの方向性として，子供たちがまだ使用できていない発言のスタイルを指導することをねらい，話し言葉によるコミュニケーションで子供が抱く困り感を支援する方法を子供たちと共に創出する技術も求められる。

②教師が最適な学習指導の方法を選択する技術

　これも先述の通り，音声言語は即時的に消えてしまうため，指導のタイミングには常に気を配ることが求められる。時間的な間隔が短い例では，優れた発言や困り感を目にした後，なるべく早くその場で指導することが考えられる（即時的な指導）。一方，活動の流れや時間の都合上，活動の後，あるいは翌日などの次時に指導することも考えられる（事後的な指導）。前者は子供の記憶が比較的鮮明であるという特徴があり，後者は準備の時間を挟むことにより後述する何らかの学習材が準備できるという特徴がある。

　教師はこれらの即時的な指導と事後的な指導のどちらを選択すべきかを判断し，これらの組み合わせによって効果的な学習指導を構想する。判断の基準は，子供が学習内容の価値に気づき，次の活動で活用しやすいのはどちらかという点になるだろう。

③教師が子供たちのやりとりを学習材化する技術

　以上で見てきた内容については教科書だけでは指導が難しい。そのため，教材を教室の内外で生起する子供たちのやりとりのなかに見出し，学習材化する技術もあわせて必要となる。ただし，子供の「記録」が即学習材となるわけではない点には注意が必要である。その「記録」のなかに，①で述べたような子供に発見・創出させるべき学習内容を見出すことが大切である。

このように見てくると，３つの技術は相互に関連していることが示唆される。すなわち，「話すこと・聞くこと」の授業を構想したり，授業をしながら再構成できたりする教師は，学習内容・指導方法・学習材の３点を，授業のなかで相互に連動させながら柔軟に対応しているのである。

「話すこと・聞くこと」の授業と「鑑識眼」

最後に，以上の技術を支える教師の「鑑識眼」について言及しておきたい。前掲の技術はいずれも，教師が子供の話す・聞く・話し合う行為をいかに「みとる」のかという点にかかっている。そうした意味で，教師の「鑑識眼」が磨かれてこそ，適切な学習内容が見出され，それが効果的なタイミングで指導されたり，最適な学習材が生み出されたりする。

そして，優れた鑑識眼をもつ教師によって展開された授業においては，子供たちも話す・聞く・話し合う活動を評価する主体として育成されることになる。その意味において，子供たちの「鑑識眼」が育まれたか否かが，「話すこと・聞くこと」教育を評価する指標の一つになるとも言える。

では，私たち教師の「鑑識眼」を磨くためには何をすべきか。まず必要なのは，私たち一人一人の「観」を問いなおすことである。話し合いを例に考えてみると，私たちが抱いている理想の「話し合い観」は必ずしも同じではない。しかし，この「話し合い観」によって，教師が重要であると判断する学習内容は変化する。ゆえに，私たちの「話し合い観」そのものを，例えば同じ学年団の先生同士で，あるいは校内研究を通して学校全体で，言語化し比較し，更新することが重要になるのではないだろうか。

また，「話すこと・聞くこと」領域が担っているコミュニケーション能力の育成という観点からは，既に教育界において多用されている「対話」という語の意味を今一度見つめなおすことも大切になろう。私たちが対話的であると考えている営みは，どのようなものであるのか。そのことを考えることから，「話すこと・聞くこと」の授業構想を始めてみてはどうだろうか。

第 1 章　国語科の授業技術とは　015

3．「書くこと」の授業技術

「書くこと」の授業技術の特徴

　「書くこと」の学習が他の領域と異なるのは，題材の設定／情報の収集／構成の検討／考えの形成，記述／推敲／（共有）という文章作成のプロセスがしっかりとおさえられないと，次の活動に進めないという点にある。プロセスのどの活動もおろそかにはできないし，それぞれの活動に係る能力を身につけてはじめて一人一人の子供の作品にたどり着くことができるのである。

　そう考えると，「書くこと」の授業技術は，プロセスのそれぞれの活動を支えるものであることが求められる。そして，それらのプロセスについて，発問する，指示する，指名する，机間指導する，話し合いに介入する，板書する，方向転換する，まとめる，ICTを使う，ノート指導といった教師の働きかけをかけ合わせると，「書くこと」に関わる授業技術は相当な数に及ぶ。それらのなかでも，基本的なものとしておさえておかなければならない授業技術について，それぞれのプロセスのなかで挙げていく。

各プロセスでの授業技術

⑴題材の設定での授業技術

　ここで言う「題材」とは教師が提示した「テーマ」のなかで，それぞれの子供が書きたいと考える「題材」であり「タイトル」とする。子供たちは，教師が設定したテーマに従いながら，その範囲のなかで自分らしく，しかも自分が本当に書きたいことを題材として考え出さなければならないのであり，単元を左右するプロセスなので高度な授業技術が求められる。

テーマの提示の仕方を工夫する

　例えば，「今日は〜について書いてもらいます。自分が書きたいことを決めてください」では，「書くことがない」と言い出す子供が続出するのは間違いない。逆に，「今日は〜について書いてください」といった教師のテーマの設定がそのまま子供の題材となるようなやり方をすれば，子供たちは押しつけられたと感じ，書きたい気持ちを高めることができない。そのようにならないためにも，テーマの提示の仕方を工夫することが重要な授業技術となる。

協働によって題材の設定のヒントを得るようにする

　題材決定は個人の問題と考えられ，そのためほとんどの場合に一斉か個別かで指導がなされている。もちろんそこでの一斉指導や個別指導は重要であるし，そのための授業技術は必須である。しかし，そのようにされていたものだからこそ協働を取り入れる意義は大きい。何を書くかは個人の問題だが，他者が何を考えているか，自分の考えについてどう思っているかをこの段階で取り入れることにより，題材決定がより奥行きのあるものになるからである。ただし，どのように協働をつくり出すかが重要な授業技術となる。

⑵情報の収集での授業技術

　論理的文章では事前の調べ学習なしに成り立たないことは十分に理解できるが，創作文や生活文でも材料なしに書くことはできない。だから，情報収集は書くことにおいて重要であることは間違いないが，指導の仕方について自分の過去の実践を振り返ってみても，子供任せにしていた感は否めない。

子供たちが知っていることを引き出しておく

　ところで，情報収集は何のためにするのだろう。それは，書きたいことについて「もっと知る」ためだろうが，逆に言えば，「知らないことがある」からだと言える。だとすれば，何を知らないかを知ることが，調べるべきことを知るためには必要だということに気づくだろう。さらに，知らないことを知るためには，自分は何を知っているのかを知る必要があるのである。つまり，情報収集を充実させるためには，情報収集に取りかかる前に子供たち

が知っていることを引き出しておく授業技術が欠かせない。

メディアに合った情報収集にする

　1人1台のタブレット端末の出現によって調べ学習の仕方は劇的に変わったと言ってよい。これまで，図書室に行ったりPC室に行ったりする手間をかけて行っていたことが，教室で何の苦もなくできるようになった。簡単に言えば楽になったのであるが，楽になったことだけを享受するのなら，子供たちのコピペのスキルを助長するだけになってしまう。多様なメディアを選んで活用できる時代になったが，それぞれのメディアに合った調べ学習や検索の仕方をしないと情報に飲まれてしまう。それぞれのメディアに合った情報収集の仕方をさせられる授業技術が求められていると言えるだろう。

⑶構成の検討での授業技術

　実は，構成を省略しても文章を書くことはできる。もっと言えば，私たちが文章表現をするときに十分な構成をしてから書いていることはあまりない。私たち教師自身でさえ構成をしなければ文章を書けないような指導を受けていないのである。きっちりと指導しなくても何とかなることが国語科では多いが，その典型的な例が書くことにおける構成である。

構成のバリエーションを複数持つ

　構成ができるようになっている段階は，先にも述べたようにある程度書く準備ができている段階と捉えてよい。だとしたら何のために構成をするのだろう。それは，自分が何を書きたいかを確認し，それを実現するための筋道を明確にするためである。そうであれば，やがては自分に合ったやり方で構成ができるようになることが望ましい。そして，小中9年間に自分に合った構成の仕方を見つけるために，教師が様々な構成の仕方を提示することが求められるのである。そのために教師が構成のバリエーションをいくつか持っていること，必要に応じて適宜提示できることが有効な授業技術である。

構成をよりよい記述に結びつける

　構成通りに記述するのであれば，形式的な構成でも可能である。しかし，

本当の意味で役に立つ構成をするなら，構成が記述を意識するものであり，記述が構成を意識するものでなければならない。「早く書きたいがそのためには構成が必要だ」とか「この構成を生かすにはどのように記述したらよいか」とつながりを意識させることが構成における重要な授業技術となるだろう。

(4)考えの形成，記述での授業技術

　書くことにおける「考えの形成」は，構成までに形作った書こうとすることを記述によって実現する，その橋渡しのプロセスである。よって，記述と明確に立て分けることは難しく，両者をセットに考えることがよいだろう。

構成などのアウトラインに肉づけして文章化することを促す

　書くことに自信をもつためには，自分が書いた言葉に責任や自信をもつことが近道である。思いつきで何となく書くのではなく，こだわりをもって書くことである。放っておけば前者になってしまうので，何らかの働きかけが必要となる。いかに構成で示した見出しに肉づけをし，豊かな表現として書こうとする気持ちにさせるかが腕の見せ所であり，重要な授業技術となる。

(5)推敲での授業技術

　本来の「推敲」は，磨きをかけよりよい文章にすることであるが，ほとんどの人がやっているのは誤りを正す「校正」である。これも，学校教育，つまり国語の授業で資質・能力になるまでの指導を受けていないからだ。つまり，推敲は国語（日本語）のよさを自分の文章に反映させることにあり，まさに言葉（国語）による見方・考え方をフルに発揮する場なのである。

言葉の置き換えを促す

　もちろん誤字脱字は修正しなければならないが，それだけで終わっては推敲にならない。そこで，文章中の一つの言葉でよいので，別の言葉に入れ替えればもっとよくなるところを探すことにチャレンジさせたい。そのためには，モデル文で説明したり，一緒に推敲する機会をつくったりすることを通して「もっとよい文章を」と思えるようにする技術が必要となるのである。

４．「読むこと」の授業技術

教師の教授行為と授業技術

　授業という営みは，「教授＝学習」過程と呼ばれている。この表現は，学習の行為主体は子供たちであり，子供たちへの教授の行為主体は教師であることを明示するものである。したがって，子供のみを主体とする授業は原理的に成立しない。最近では，教師の働きかけを極力おさえ，子供が自立／自律的に学習を設計したり，学習方法を選んだりする授業が提案されるようになってきているが，そこにも教師による環境構成や，「教師が出過ぎない（＝あえて働きかけをおさえる）」という目に見えない積極的な働きかけや，高度な授業技術が隠れている。子供に学びのコンパス（羅針盤）の用い方や航路設定を委ねるのであれば，なおさら，教師の教授行為の質（力量や授業技術）が問われるようになる。したがって，授業技術は，これからの教育実践や教師にとって必要不可欠な力量であり，授業力の核となる要素である。本稿では，現在の実践現場で中心的に用いられている，発問を中心とした授業構成における授業技術に焦点を当てて論じる。まず，教師と子供の論理に着目してみよう。教師は授業構想の段階で次のような問いをもつ。
・目　　的：何のために……をするのか？
・目　　標：何を目指して，……をするのか？（どのように評価するか？）
・ねらい：どのようなことを意図するか？（何を獲得させたいか？）
・ねがい：本時（単元や年間を通して）では，どのような姿になってほしいか？
・内　　容：上記の点を踏まえて，何を，どの順序でするか？
・方　　法：どのように学習を促すのか？
　上記の問いは教師側の論理である。一方，以下は，子供側の論理である。

・問　い：なんでだろう？／どういうことだろう？
・興味・関心：……面白そう！　　・学習意欲：……をやってみたい！
・学びの必然性：なぜ，何のために，これから……をするのか？

　これらの教師側の論理と子供側の論理は，原理的に相容れないものである。子供（児童や生徒）が，学校教育を受ける段階で，上述の教師側の論理を意識的・自覚的に捉えられているのであれば，授業（レッスン）の場は必要ないからである。そこで，教師には，授業という場のなかで，子供の生活や興味・関心とつながっているかという「学びの文脈」を考え，「教えたいこと（教師側の論理）」と「学びたいこと（子供側の論理）」をつなげようとする（＝相互に交渉する）ところに「授業技術」が求められるのである。

「読むこと」の授業の特性

　授業技術は，教師の教育観や授業観によって，また，教科やその領域固有の特性によって，求められることが変わる性質をもつ。まずは，国語教育における読むことの授業の特性についておさえておきたい。

　日常生活における読書活動では，得ることが難しい知識や経験が中心となる。もちろん，読書活動からも読解力を伸ばすことや，知識や新しい見方・考え方を得ることはできる。だが，それらの学習は，いつ，どのように，どのような質で起こるかはわからないし，読者（児童・生徒）が自身の学習に対して意識・自覚できるかはわからない。つまり，日常生活で起こる学習は偶発的であり，教師側が獲得してほしいとねがう「よさ（価値）」はある程度，意図的・計画的に教授される必要がある。そこで，教室という空間で，教師と級友といった他者との対話があるからこそ，獲得できる体験を4点挙げる。

①「わかったつもり」を乗り越えるための気づきを促すこと
②理解者のスタンスだけでなく，表現者のスタンスに立つ体験をしくむこと
③「一人で読む」だけでは得がたい体験を「しかける」・「しくむ」こと
　・自分（と自分たち）の考えをもつ→更新・変容を自覚すること

・自分（と級友たち）の考えのズレを知る・ズレを生かすこと

・当該の教材だけでなく，比べ読みや重ね読みへと展開すること

④ **読むという活動を生かして「書く」活動へと展開すること**

　詳しい理論的検討は紙幅の都合で別の機会に譲るが，読むことの授業技術に関する枠組みを仮に設定しておく。

・授業観（どのような授業を「よい授業」と捉えているか？）

・指導言（どのような説明・指示・発問を構想するか？）

・活動の順序（子供にとって効果的であるのはどの順序か？）

・間合い・タイミング（いつ・どのタイミングで？）

・振る舞い（教師の眼差し・表情・声の調子など）

　稿者は，伝統的な「導入・展開・終末」を拡張し，読むことの授業過程を「『たがやす→しかける（ひろげる・ふかぼる）→ふりかえる』×うながす」と仮設的に捉えている。このうち，読むことの授業の特性と関わる「たがやす」「しかける」「うながす」の３点の技術を取りあげて，順に記述する。

「読むこと」の授業技術

(1)「たがやす」における技術

　導入段階の「たがやし」である。上述の，子供側の論理に応じた発想で「しかける」ための素地を整えたい。具体的には，①生活経験や既有知識の想起や関連づけ，②めあての提示方法や順序の工夫など，③子供の表現（発言や記述）を「つなぎ言葉」で教師の指導言につなげる，などである。

　また，これらのほかに，単元の序盤においては，学習計画を作る，単元の見通しをもつ，問いづくりを行う，といったことも考えられる。

(2)「しかける」における技術

　授業前に準備した発問（しかけ）を，より機能させる工夫を中心に挙げる。

・「何か気づくことはありませんか？」

挿絵や写真の比較，板書（字の書き方や大きさ，空所などの工夫）教材への
しかけ（題名を空白にする）で，気づきを促す。教師が教えたいことが子
供の発言に出るように，以下の「うながし」の技術と合わせて活用したい。

⑶「うながす」における技術
・「気づいた（感じた／考えた）ことをたくさん挙げましょう」
　「考え」を広くもたせたいときには，教師の問いかけが何を求めているの
かを明示する必要がある。子供の，「間違えたら……」や「人と意見が違う
こと」への恐怖感や抵抗感を減らすための言葉がけ（うながし）である。
・「もっとありそうですか？」「それだけですか？」
　台詞としては「……ですか？」と疑問形であるが，メッセージとしては
「もっとありますから，どんどん発言しましょう」という励ましである。
・「とてもいいことを言おうとしているから，もっと教えてくれますか？」
　着眼点がよいのに，うまくまとまっていないときには，着眼点のよさを学
級で共有しながら，「言えそうならば，もう少し教えて…」と促すとよい。
・「○○さんの伝えたかったことを説明できる人いますか？」
　理解したことや，自分の考えを表現する（発言する）ときに，その内容の
再構成や，聴き合う集団づくりをねらうときに用いられる。
・「もう少し詳しく教えてください」⇔「もう少しまとめてみましょう」
　「詳しく」という具体と，「まとめる」という抽象の往復を促すことは，学
習に深まりをもたせるための必須条件になる。
・「（…を解決するには）どうすればいいと思いますか？」
　「ごんぎつね」の「くり」を例に挙げる。子供たちの「くり」のイメージは，
加工された状態（＝兵十宅に供えられた状態）であろう。自然の栗は，いが
がついた状態であり，本文では，ごんが兵十を思いながら，栗を拾ったであ
ろう過程が空所になっている。そこで，「くり」のイメージを促してから，辞
典類活用（辞典などの紙媒体，Webによる交流活動など）に移るとよい。「ど
うすればわかるか？」といった方法への気づきも合わせて促すことができる。

第1章　国語科の授業技術とは　023

第2章　基礎・基本の授業技術

1．音読指導の技術

技術1　「正しく」を具体化する—句切り方を指導する
技術2　「ハキハキ」を具体化する—読み声を引き出し基準とする
技術3　「すらすら」を具体化する—具体的数値を示す

　音読指導をしっかり行っているだろうか。音読カードを渡して家庭任せに
していては，到底「指導」とは言えない。低学年のうちは意欲的に取り組ん
でいても，高学年になると，音読に対して力を抜いて取り組む子供が多い。
音読力は読解力や学力全体の基礎ともなる非常に重要な力である。子供たち
の国語力を伸ばそうと思ったら，まずはしっかり音読できる子に育てていく
べきである。それでは，「しっかり」音読できるとは，どのような力を指す
のであろうか。稿者は次の3点であると考えている。

　・正しく読める。

　・ハキハキと読める。

　・すらすらと読める。

　しかし，これらを単に子供たちに伝えるだけでは，まだまだ具体的に指導
出来ているとは言えない。そこで本稿では，これら三原則の音読を更に具体
化して子供たちに指導していく技術を紹介する。

技術1　「正しく」を具体化する—句切り方を指導する

　まず何よりも力を入れて指導すべきなのは，「正しく」読むということで
ある。文字や語句を間違えずに読ませることである。教師が範読を聞かせた
り，教師が一人一人の音読を聞いて読み間違いを正したりして，子供たちが
正しく読めるようにしていく。そして，その上で「句切りの指導」をしてい
く。何も指導せずに子供たちに読ませると，子供は，各々好きなところで句

切って読む。どこで句切って読むのが「正しく」読むことなのか基準が示されていないからである。このように読ませているうちはなかなか子供たちの意識が「正確さ」に向いていかない。基本的には，句読点までは一息で読むようにさせる。たったこれだけで，クラス全体で「句切り方」における基準が共有される。一息で読むには「すらすら」読まざるを得なくなり，「すらすら」読む力も高まっていく。

技術❷ 「ハキハキ」を具体化する—読み声を引き出し基準とする

「ハキハキ」を具体化するには，一人一人読ませていくのがよい。年度初めに一人ずつ読ませると，声を張って読む子は非常に少ない。そのような子にははっきりと「それはゴニョゴニョ読みです」と伝える。何人か読ませていくと，しっかり声を張って読もうとする子が必ず現れる。その子たちの「声」「明瞭さ」をクラス全体で共有し，基準としていく。

技術❸ 「すらすら」を具体化する—具体的数値を示す

単に「すらすら読みなさい」と伝えるのではなく，具体的数値を示すとよい。例えば，「1分間に300文字以上」という数字を示して，実際に1分間読ませてみると，より子供のなかで「すらすら」という状況がはっきりしてくる。この「1分間に300文字」というのは，NHKアナウンサーが読むスピードである。実際に子供たちに1分間音読させて，文字数を数えさせると，自分の読むスピードが具体的に自覚でき，意欲につながる。

授業技術アップのヒント

音読指導をしようとする際，「もっと声を出して！」とか「もっとすらすらと！」などと抽象的な指導になりがちである。それでは子供は具体的にどのように読めばよいのかわかりにくく，意欲も高まりにくい。なるべく「具体的に」子供たちに伝えることが音読指導技術アップのカギである。

基本

話すこと
聞くこと

書くこと

読むこと

第2章 基礎・基本の授業技術 025

2．漢字指導の技術

技術**1**　漢字小テストは，熟語の他用例も全力で記入する
技術**2**　習った漢字を「使うこと」を目的に文章を書く
技術**3**　オリジナル問題を作成して，互いに解いて採点し合う

　漢字指導は多くの場合，ドリルでの漢字の登場順に「読み」と「書き」を機械的に書き取ることが多いのではないだろうか。しかし，受動的に書き写すだけの単なる作業では，漢字学力の確実な定着は期待できない。
　漢字の習得段階においては「『読み』『書き』を一緒にせず，『読み』を先行する」「ノート作りだけでなく，教師や級友の前で，正確に空書きさせる」など工夫が有効であると考えられる。その上で，本稿においては，一度は習得した漢字を，定着させる具体的な方法を提案する。

技術**1**　漢字小テストは，熟語の他用例も全力で記入する

　ドリルの小テストに取り組む際には，解答用紙を二段に分けて，上段をテスト文の書き取り，下段を上段で使用した漢字の他用例を記入する欄として使用させる。テスト時間を10分で設定する場合，まずは上段を書き込ませ，残った時間で自分が書けるだけたくさんの熟語を書き込ませる。制限時間中に全力を発揮させることが重要である。やり方が理解できれば，宿題としても自分で計測しながら，実施が可能となる。小テストに限らず，通常のワークテストや学期末五十問テストでも，余白に書き込ませてもよいだろう。他用例の書き込みを意識させることで，主体的な熟語・語彙の獲得が期待できる。

技術**2**　習った漢字を「使うこと」を目的に文章を書く

ある程度の漢字の書き取りが進んだ段階では，習った漢字を使うことを目的に文章を書く活動を設定するとよい。題して「習った漢字を使って，できるだけ自然な文章を書いてみよう選手権！」。例えば，「規定漢字」には，絶対に使う10字程度を示し，「自由漢字」として，それ以外でも学期中に学習する漢字であれば，どれを使ってもよいこととする。多様な文種で取り組みは可能だが，漢字を使用することを第一義とすると「空想日記」や「創作文」などの，内容の自由度が高く，子供が面白がって書けることが望ましい。スキャンすればタブレット端末で読み合うことも簡単であり，他者に読まれることを前提とすることで，文章の質も担保できるようになる。

技術❸　オリジナル問題を作成して，互いに解いて採点し合う

　ドリルの書き取りや小テストが一段落する学期後半には，小テスト用の問題文を子供たち自身にオリジナルで作成させることも有効である。その際，問題の難易度を「初級」「中級」「上級」など，各自で設定させると，子供自身が「書きにくい漢字」を意識して問題づくりに取り組むようになり，結果的に自分自身の弱点を克服することも期待できる。これを授業中や宿題の課題として取り組み，採点し合う。ときには採点者に間違いが多かった漢字を発表させ，その場で確認しなおすことも有効だろう。解いて終わり，ではなく成果を振り返ることで記憶の定着が図られるのである。

授業技術アップのヒント

　漢字学習の目的は，漢字テストでの満点ではなく，自らが書こうとする文章において，即時的に漢字を使用できるようになることであろう。そのためには，インプットだけでなく，様々な形でアウトプットする機会を確保することが重要となる。その上で，漢字学習への意欲を高めることも必要不可欠である。頑張っている子供の成果を相互評価させたり，掲示や通信等で紹介したりすることでも，意欲が更に高まることが期待できる。

第2章　基礎・基本の授業技術　027

3．文法指導の技術

技術1　用語や内容を子供に具体化させながら説明する
技術2　「よさ」（働き）を具体的な場面を挙げて伝える
技術3　「よさ」を自分のものになるようにする

　子供たちに（大人たちにも）文法が身についていない理由は，文法は暗記する学習だと思っていることにある。せっかく暗記したところで，暗記したことが使えるのは試験のときだけで，日常生活のほとんどの場面で役に立っていると実感することなく記憶から消えていくのである。

　代表的な学習内容である敬語を例に挙げる。小学5年及び中学2年で主に学習しているはずだが，大学生に聞くと，「うまく話せない」「正しい敬語がわからない」と答える。尊敬語，謙譲語の使い分けもよくわかっていない。学習はしたが，資質・能力までにはなっていないのである。このように考えると，文法指導の技術は，「知識として教える技術」よりも「実生活で使えるようにする技術」であることが子供たちのための技術と言える。

技術1　用語や内容を子供に具体化させながら説明する

　文法の学習の困難さをつくる原因の一つに用語の多さや難しさがある。文法用語は日常生活ではほとんど目にしない。だから，覚えることにもつながらない。そこで，初対面のときに記憶に残るような出合い方をつくりたい。

　例えば，小学5年の敬語では，多くの場合に尊敬語，謙譲語，丁寧語について教科書の記述に沿って解説し，その後使用法の学習に進む。しかし，抽象的な言葉を抽象的に説明しただけではダメで，抽象的な言葉は具体的な言葉に，が鉄則である。そこで，いくつかの文例を挙げ，どの種類なのかを子供たちが試行錯誤しながら分類し，自分の言葉で説明するような場の設定が

効果的となる。具体化を子供にさせるような場をつくることが技術である。

技術❷　「よさ」（働き）を具体的な場面を挙げて伝える

　敬語の3種類を教えて，例題について考えさせただけでは，教科書で謳っている「敬語を適切に使ってよい関係を築く」ことは難しい。敬語がよいものだと思えていないから，経験の域に達しないのである。「敬語を使うといいことがあるよ」ということを具体的な場面を挙げながら伝え，子供たちが「いいかも」と思ったときが，本当の学習の始まりである。

　例えば，人に何かを頼むときの言い方について，どう言われたらしてあげたくなるかを考える。さらに，親しくない人と仲のよい友達では，それぞれ敬語を使われた方がよいか否かを考えることで，敬語を使うよさと使わないよさに気づく。学習内容の「よさ」を具体化して示すことが技術である。

技術❸　「よさ」を自分のものになるようにする

　敬語のよさに気づくだけでは，敬語を使えるようになったとは言えない。「よさ」を自分のものとし，「使いたい」と思うことが理解の段階では重要である。

　例えば，空いている先生を総動員し，校長室や職員室，保健室などに行って敬語でお願いする「敬語で交渉」を行う。また，「販売員」「お客」などの役を交代でする「敬語ごっこ」をする。実践を想定した活動によって，使える手応えをつかむことができるようになる。「自分事」にさせる場づくりが敬語学習の最大の技術である。

──────── 授業技術アップのヒント ────────

　文法について考えるとき，知識理解に目がいってしまいがちだが，そこに留まったら意味がない。「使える」ということは，日常レベルに具体化することである。だから，文法は，教科書では抽象的な言葉で説明されているが，いかにそれを具体化できるかが授業技術アップのポイントである。

第2章　基礎・基本の授業技術　029

4．ノート指導の技術

技術1　レイアウト（1日，見開き2ページ）を明示する
技術2　個人思考の場として機能させる（個別最適な学びとして）
技術3　共有・振り返りの場として機能させる（協働的な学びとして）

　授業ノートを見れば，その子供がどのような学びをしてきたかがわかる。また，教師がどのような授業をしてきたかもわかる。それ程，学びの足跡として大事な存在がノートである。学年末に，作りあげてきたノートを開いて1年間の授業場面を思い返し，成長した自分をメタ認知できたら，次学年の学習に期待を膨らませることができるだろう。ノートというと，きれいな字で書かれているか否かが問われやすいが，それ以上に，もう一度開いて読んでみたくなるかどうか，つまり自分にとって次の学習につながる情報となっているかどうかが重要である。そのために，ある程度の見やすさは必要で，教師はノートの書き方（技術）を明確に指導すべきである。

技術1　レイアウト（1日，見開き2ページ）を明示する

　まず授業開きの日から，日付・授業番号（中学年以上はあった方がよい）をどこに書くかをきちんと伝える。真新しいノートに確実に記すことで，1年のスタートをよい形で切れる。徐々に単元名・教材名・（必要に応じて）作者名／筆者名・学習課題を加え，どのように書くかを丁寧に指導していく。
　推奨したいのが，1日につき見開き2ページを使うレイアウトである。もったいないという声もないわけではないが，右ページから始めて左ページで終わると，その日の授業が一纏まりの記録として把握できる。具体的には，1時間の授業における，学習課題とそれに対する「自分の考え」（級友と共同で考えた内容は「自分たちの考え」）を右から左へと書き進めていく。そこで新た

な問いが生まれたら，それも次時につながるように書き添えておく。すると，後から振り返った際に，思考の足跡がリアルな記憶として蘇るのである。

技術❷　個人思考の場として機能させる
（個別最適な学びとして）

　見開き2ページのレイアウトを用いると，空間的余裕が生まれる。学年にもよるが，「自分の考え」を書く時間をしっかりと保障する授業であれば，せっかく左ページに余裕があるのだから，たくさんの言葉を用いて書き綴ろうという意識が生まれる。学年初めはあまり書けなくても，習慣化することで少しずつ意欲が高まり，考えることと書くことに対する抵抗が薄らいでいく。学習課題を自分事として捉えられるように導く技術も，前提として必要ではある。だが同時に，しっかりと個の考えを深めるために，時間と空間（ノート）のゆとりを保障して，十分に機能させたい。

技術❸　共有・振り返りの場として機能させる
（協働的な学びとして）

　個別最適な学びから協働的な学びへつなげる場としても，ノートを生かしたい。「自分の考え」を書き終えた後，グループでその考えを伝え，話し合う際に，書かれたノートを持参して参加させる。ノートに考えが書けた時点で協働的な学びを始めるという形態を定着させると，考えをもたずには話し合いに参加することができない雰囲気になる。

　そして，協働的に学んだ後はそれが「自分たちの考え」になり，「級友から学んだこと」「話し合って気づいたこと」を書くことで，共有・振り返りの財産が蓄積していくのである。

授業技術アップのヒント

　授業ノートに書く内容が個々に異なるのが，一昔前の国語授業と異なる点である。ノートを使って思考の足跡を残し，学びの過程を振り返りながら新たな問いと学びを生成していく。そのために，学習内容を想起・再現しやすい，思考に溢れたノート作りを指導する授業技術を身につけたい。

第2章　基礎・基本の授業技術　031

5．板書の技術

技術1	板書で思考を「広げる」
技術2	板書で思考を「つなげる」
技術3	板書で思考を「深める」

　日本における板書の始まりは150年ほど前の1872年まで遡る。アメリカより「ブラックボード」として持ち込まれ，その後「黒板」へと名称を変え全国に広まった。国語科における板書は，学習内容や指導内容を端的な言葉にまとめて提示することで，子供たちの思考を整理する学習ツールとして活用されてきた。このように，言葉を整理する機能以外にも，板書には子供たちの思考を活性化するための重要な機能がある。しかし，この機能は，教師が意識的に引き出さなければ，ただ知識や情報を羅列する場として使うだけになりかねない。黒板（最近はホワイトボードが用いられている学校も多い）という限られたスペースのなかで，どうすれば子供たちの思考は活性化されるのか。そのために身につけておきたい3つの板書技術の勘所をおさえたい。

技術1　板書で思考を「広げる」

　板書はただノートに写すためのツールではない。板書を見つめることを通して，思考が動き出す活用法を心がけたい。まずは，子供たちの発言のなかからキーワードを抽出し，シンプルな言葉で可視化する。可視化する際には，白チョークだけでなく，色チョークを用いたり，太さを変えたり，囲みをしたりして，メリハリがつくようにする。ただ文字を羅列するだけではなく，パッと見ただけで強調点や気づきが生まれるように工夫することが大切だ。言葉の配置を工夫することで新たな気づきにつなげることもできる。

技術２　板書で思考を「つなげる」

　思考が広がった後は，板書に可視化された言葉を比較させることで新たな学びを生み出したい。例えば，「似ている言葉はある？」「反対の言葉ってあるかな？」「どの言葉が一番大切でしょう？」等の問いかけで板書に書かれた言葉に軽重をつけながらつないでいく。

　言葉と言葉を線でつなぎ，強調すると子供同士の思考もつながってくる。これはただ言葉を羅列するだけの板書で創る国語授業とは，学びに大きな違いが生まれる。また，この言葉や思考がつながる学習プロセスを経験することで言葉の学び方についても習得することができる。

技術３　板書で思考を「深める」

　最後は，板書にしかけを用いることで更に思考を活性化させる技術である。ただの記録の場として板書を用いるのではなく，教師の意図的なしかけによって「あっ！」「わかった！」「なるほど！」といった子供たちの気づきや学びの実感を引き出す。

　例えば，「黒板に書かれた言葉を二つに分けましょう」「１本の矢印を入れるならどこにしますか」といった具合に，子供たちに問いかけることで，板書の新たな価値が生まれる。これらの問いかけはタイミングも重要である。子供たちの考えが熟してきたタイミングで，もう一歩学びを充実させるために板書を活用したい。実践の具体は第３章以降でも紹介する。

授業技術アップのヒント

　板書計画を立てる際には，100％の完成を目指すのではなく，あえて８割程度に留めよう。板書計画に授業が引っ張られ，柔軟性を失う可能性があるからだ。子供たちの言葉を柔軟に扱うためにも，「広げる」「つなげる」「深める」技術を使い分け，板書計画に「余白」を残すことが大切である。

参考文献：沼田拓弥（2020）『「立体型板書」の国語授業10のバリエーション』東洋館出版，沼田拓弥（2022）『書かない板書』東洋館出版

6．机間指導の技術

技術１　個別指導を通して把握した内容を，中間指導で全体に価値づける
技術２　ペアワークやグループでは，相手の言葉を復唱させてみる
技術３　ICT機器や名前マグネットを使って，考えを可視化させる

　発言の集約や意見交流などを全体で指導を行う一斉指導に対して，机間指導では子供それぞれの状況に応じた個別の支援を行うこととなる。「個別最適な学び・協働的な学び」を実現するためには，一人一人の学習の状況を把握し，その成果や課題を全体に還元・共有することを通して，更に自分自身の理解を促進させるという，机間指導を充実させることが重要である。

　そして，なぜ机間指導を行う時間を設けているのか，その意図とねらいを教師自身が認識することが重要である。授業において，子供が主体的に「考える」ことができるのが，この一斉指導以外の時間であり，その時間を充実させることは，授業のねらいを達成できるかどうかを決定するのである。

技術１　個別指導を通して把握した内容を，中間指導で全体に価値づける

　机間指導の目的は，個別指導であることは既に述べたが，限られた時間で，学級の全員を個別に支援することは不可能である。その意味では，事前に手が止まりそうな子供，支援が必要そうな子供を想定しておき，重点的に関わることが重要である。

　しかし，机間指導の効果をより積極的に考えるとき，教師として心がけたいのは，学級全体の学びの質を高めることを目的として，一人一人の多様な学びのなかから，「全体に還元すべき価値を発見する」ことである。この「価値」は必ずしも，よいところである必要はない。多くの子供が同様につまずいている課題があれば，その課題を共有し，解決を検討することも大き

な価値を生むだろう。その意味では，個別学習の時間の合間に，中間指導の場を設けることや，子供同士が書いていることを自由に見学して歩き，自分と他者の学びを比較し再考する時間などを設定することも有効である。

技術❷　ペアワークやグループでは，相手の言葉を復唱させてみる

　互いの考えをシェアしたり，確かめたりすることで自分の考えを豊かにさせたい場として活動を設定しても，子供たちが目的を理解せず個の学びに閉じてしまうと，他者とのコミュニケーションが疎かになることも考えられる。

　そこで机間指導を通して「この後は，自分の考えではなくて，友達がなんて言っていたかと，それに対する自分の考えを発表してもらいます」などと，相手の考えを受け止める必要のある場をあえて設定する。予め伝えておくことも有効だが，即時的に「自分が言ったこと」「相手が言ったこと」「話し合いを通しての自分の考え」など，教師が実態に応じて個別に指導言を判断することによって，学びに緊張感を与えることも重要である。

技術❸　ICT 機器や名前マグネットを使って，考えを可視化させる

　主体的な交流活動を組織するためには，ICT 機器や名前マグネットを使用して，現時点での子供自身の考えを全体に可視化することは有効である。そして，交流を通して自分の考えが変化した場合は，随時自らの立場を変更してよいことにすることで，交流自体の価値を認識させることとなる。この場合，机間指導では考えの共通点や相違点，また交流中の考えの変容を明らかにさせながら，交流への意欲と内容を高めることを目指したい。

━━━━━━━━━━━ 授業技術アップのヒント ━━━━━━━━━━━

　机間指導の時間は，「指導しない時間」なのではなく，子供自身が考えを深めようとしている時間であることを教師が意識し，その子供の考えのよさや価値を発見し，励ますことのできる格好の機会であると認識したい。

7．発問・指示の技術

技術**1** 「拡散」→「発見・再考」を１セットにする
技術**2** 拡散を促す発問，指示は「あなた」化する
技術**3** 発見・再考を促す発問，指示は「わたしたち」化する

　第１章１．においても指摘されたように国語科における発問研究は充実しており，たくさんの実践事例も紹介されている。また，発問，指示の授業技術には，発問，指示を出すタイミング，即応した切り返しの方法など多様な観点がある。よって，ここではもともと考えていた発問，指示を，個別最適な学びと協働的な学びの一体化を図る発問，指示へとブラッシュアップしていく技術に特化して述べていきたい。また，前提として，発問，指示には前もって準備したものを「決め打ち」するものと，その場で「臨機応変」に行うものとがあるが，今回は「決め打ち」を想定したものとする。なぜなら，「決め打ち」の質的向上は，そのまま「臨機応変」の力量アップにもつながると考えられるからである。なお，発問と指示についても別々に重要な技術が存在すると考えられるが，本稿では「子供の『内側』に目を向け，学びを促す教師側のアプローチ」として一体的なものとして扱うこととする。

技術**1**　「拡散」→「発見・再考」を１セットにする

　一つの考え抜いた発問，指示を作って満足し，実際に授業をすると盛り上がりはあるものの，何かしっくりこない経験はないだろうか。この場合，子供の考えが多様に出されるのみに終始している場合が多い。発問，指示は基本的に「拡散」→「発見・再考」を１セットとして考えておくことで，子供たちにとって学ぶ楽しさと，獲得させたい言葉の力の自覚を促すことの両方を実現できる授業とすることができる。

技術❷　拡散を促す発問，指示は「あなた」化する

　授業前半で用いる拡散を促す発問，指示は「あなた」化することが重要である。なぜなら，「あなた」化することで自分の考えをもつことができるとともに，個別化されている考えだからこそ「他の人はどう考えたのだろう？」と協働的な学びへとつながるからである。では，どうやって「あなた」化するか。稿者は①「なぜ」はできるだけ使わず「あなたは」で始まるものにする，②直感・感情を刺激する，③考えることが焦点化されたキャッチーなものにする，ことを意識している。例えば，中学１年の「少年の日の思い出」の結論について考える際，東京書籍版の教科書の手引きには「『そして，ちょうを一つ一つ取り出し，指で粉々に押し潰してしまった』とあるが，このとき『僕』はどのようなことを考えていたのだろうか」とある。稿者は，この文章を文節ごとに提示し，「①あなたは，このなかで③どこに『僕』の思いを②一番強く感じますか」（番号は上記とリンク）と改良した。

技術❸　発見・再考を促す発問，指示は「わたしたち」化する

　授業後半で用いる発見・再考を促す発問，指示は「わたしたち」化する。つまり，自分たちの拡散した考えを俯瞰し，「わたしたち」としての考えを見出させていくことである。具体的には「わたしたちの考えで重なっていることは？（共通点）」「いくつに分けられる？いくつの説がある？（分類）」「面白い・素敵な考えがある？（個性化）」といったものである。協働的な学びの成果であるとともに，教科内容と表裏一体になるよう配慮したい。

授業技術アップのヒント

　国語は言葉を扱う授業であるため，発問，指示として扱う言葉の精選には徹底的にこだわりたい。①無駄なく②端的に③一言一句まで考えること，そして④自分自身の話し方の癖などで伝わりづらくなっていないかまでこだわることが授業技術のアップにつながる。

第２章　基礎・基本の授業技術　037

８．読書指導の技術

技術１	「読書の楽しみ方」を教える
技術２	「推し本カード」で伝え合う
技術３	「ビブリオバトル」で競い合う

　読書が大切であるというのは，大人に限らず多くの子供も感じているはず
だろう。しかし近年，子供の読書に取り組もうとする意識は低下傾向にある
という。ベネッセ教育総合研究所が実施した「子供の生活と学びに関する親
子調査」では，小学１年生から高校３年生の49％が平日に読書を「しない」
と回答した（2022年）という。また，2015年から2022年の７年間で，子
供の読書時間はわずかに減少していることが明らかとなった。スマホやタブ
レットといったデジタル端末が普及したことも大きく関わっているかもしれ
ないが，読書の大切さや読書をすることのよさを感じられるような機会に恵
まれていないということが，大きな要因として挙げられるだろう。こうした
背景を踏まえた上で，読書をすることのよさを実感しつつ，読書への取り組
み方を提示できるようにしていく必要がある。

技術１　「読書の楽しみ方」を教える

　「読書の楽しみ方がわからない」という理由で困っている子供はいるだろ
う。だからこそ，教師が「読書の楽しみ方」について語ることが必要になる。
そこで，年度初めに「読書の楽しみ方」について伝える機会を設ける。図書
室の使い方を確認する機会に，物語を読む際に心がけておくとよい３つの
「おもしろポイント」を伝える。その「おもしろポイント」というのが，「登
場人物／ストーリー／作者」の３つである。「登場人物」は，物語を読む際
に，面白いと感じるキャラクターや，自分にとって「推し」となる存在を探

りながら読むことを指している。「ストーリー」は，面白いと感じる話の展開などを分析しながら読むことを指す。「作者」は，面白いと感じる作品を書いている作者の別の作品に手を伸ばし，読み広げていくことを指す。これらを通して「おもしろポイント」を探りながら読むように促すことで，「読書の楽しみ方」を見出すことができるだろう。

技術❷ 「推し本カード」で伝え合う

　読んでいて自分が「面白い！」と感じた本のタイトルと作者，あらすじと一言感想を書いて貼り出す「推し本カード」について紹介する。Ａ５判の紙を用意し，自由に書いて貼り出す。手の込んだものを作ろうとすると時間も手間もかかり，労力も大きくなるため，簡単な形式で無理なく取り組めるようにすることが大切である。また，カードは定期的に追加できるようにする。１か月に１枚程度，定期更新日として貼り出す日を予め設定し，日程を伝えておくことで，読書に取り組む必然性をつくることもできる。

技術❸ 「ビブリオバトル」で競い合う

　互いに競い合えるような環境を用意するというのも重要である。そうした環境を整えるにあたっては，「ビブリオバトル」が有効である。おすすめの本を５分程度でプレゼンした後，２分程度時間をとってディスカッションし，「どちらの本が読みたくなったか」という観点で投票してもらい，勝敗を決めていくという形式で行う。ゲーム感覚で競い合うからこそ，どの子も夢中になって取り組むことができる。

授業技術アップのヒント

　まずは，手に取って読もうとする環境をつくることが大切である。読書欲を湧かせるには，やはり，読書という行為が楽しいと思える場を設定すると同時に，教師自身も読書を楽しみ，巻き込んでいく姿勢が重要になる。

第２章　基礎・基本の授業技術　039

9. 説明の技術

> 技術❶ 母音を意識し，明瞭な発声を心がける
> 技術❷ 要点を意識し，質の高い説明をすることを心がける
> 技術❸ 緩急や抑揚をコントロールしながら話す

　教師が子供に向けて投げかける言葉は様々あるが，指示や発問，説明といった言葉がけは，総じて「指導言」という言葉でくくられる。この指導言（指示／発問／説明）において最も重要なのが「説明」である。「指示」は子供がとるべき行動を指し示すものとして重要な働きかけであり，「発問」は子供の思考を刺激するものとして考えさせる上で非常に重要な働きかけである。しかし，指導場面における教師の「説明」がわかりにくければ，授業を滞りなく展開し，子供の学習理解を促していくことはできない。だからこそ「説明」は非常に重要で，第一に「わかりやすさ」が求められる。

技術❶　母音を意識し，明瞭な発声を心がける

　「わかりやすさ」を意識する上で，まず，「発声」を意識することが重要である。一音一音をはっきりと，母音を意識しながら話すことを心がけたい。教師が発する言葉がくぐもってしまえば，子供に伝えたい内容が伝わるはずもない。まずは，母音を意識しながらはっきりと話すことを心がけるべきである。子供の理解を保障するためには，子供に届く〈声〉を意識することが重要である。ただ，明瞭な発音を心がけ，説明するだけでは，聞き手の姿勢がマンネリ化する可能性がある。ときに小さな声で，発音を濁らせながら話すことで注意を引くことも方法の一つである。

技術❷　要点を意識し，質の高い説明をすることを心がける

２点目に，要点を明確にしながら説明することを心がけたい。伝えたい内容が伝わるか否かは量ではなく，質で決まる。質を上げるためには，伝えたいことを，聞き手がピンポイントで把握できるよう考えて話すことが重要である。聞き手にとってわかりやすい説明になっているかどうかは，説明内容が端的でムダのないものになっているかで判断される。端的でムダなく要点を明確にして話せるようにするためにも，「ナンバリング」と「結論から話す」という二つの方法をうまく用いることができるようにしたい。「ナンバリング」は，伝えたいことがいくつあるのかを明示し，順番に説明していく方法である。説明する内容が複数ある場合は，必ず総数を明確にし，内容の一つ一つがしっかりと聞き手の意識に残るように話す。また，「結論から話す」というのも，聞き手の意識に訴えかける上で非常に効果的な手段である。結論を先に話し，一通りの話が終わった後でもう一度結論を示す。こうした双括型の説明を行うことによって，伝えたい内容を強く印象づけることができる。

技術３　緩急や抑揚をコントロールしながら話す

　説明が平板で味気ないものにならないようにするには，緩急や抑揚をコントロールしながら話すことが重要である。緩急は「スピードの速い／遅い」を指し，抑揚は「声のトーンの高い／低い」を指す。畳み掛けるように話すことで急かしたり，大切なことを強調するためにゆっくり話したり，明るい調子を醸し出すために高いトーンで話したり，緊張感をもたせるために低いトーンで話すなど，話し方の基礎技術を身につけておくことも重要だろう。

授業技術アップのヒント

　自分の説明がわかりやすいものになっているかどうかを振り返ることも重要である。そこで効果的なのが，研究授業の際などに自分の声を録音して聞きなおすことである。どんな言葉を使っているのか，どんな癖があるのかを見極め，修正することで，更にわかりやすい説明技術を身につけることができる。

10. 話し合い指導の技術

> 技術**1**　本当に話し合いたいタイミングかどうかを見極める
> 技術**2**　学級文化との関連を意識する
> 技術**3**　評価の視点を話し合いの方法に置く

　教科の学習過程において話し合いが全くない授業というのは，今日では考えにくい。考えをもつ段階だけでなく，学びを深めたり問題を解決したりといった様々な目的の話し合い（ペア／グループ／クラス全体）が日常的に行われているのが，現代の教科教育実践の一つの特徴であると言える。

　では，そうした話し合いはどのように指導することが求められるのか。「話すこと・聞くこと」領域における細かな授業技術については第3章に譲り，ここでは教科学習全般における話し合い指導の技術について考えてみたい。

技術**1**　本当に話し合いたいタイミングかどうかを見極める

　話し合いは日常の授業に取り入れやすいからこそ，マンネリにもつながりやすい。「とりあえず近くの人と交流」という時間を繰り返し，子供に「なぜ今，私たちは話し合いをさせられているのか」といった疑問が蓄積された場合，「話し合いは価値がない」と感じられてしまうことも考えられる。

　そのため，学習過程に話し合いを取り入れる際は「子供が本当に話し合いたいタイミングかどうか」の見極めが大切である。学びの自立という視点から考えれば，「先生，ここで話し合いがしたい！」と子供の側から求められるような状況をこそ，各教科の学習を通して目指したい。

技術**2**　学級文化との関連を意識する

　授業と学級経営は両輪であると例えられることがある。よい学級経営がで

きていれば授業時間が充実したものになりやすく、子供たちにとって授業がワクワクする対象であれば学級経営にもよい影響が生まれるだろう。そうした意味において、教科の学習過程において話し合いを指導することは、裏を返せば学級文化をつくるプロセスのなかに位置づけられる。

具体的な方法については「話すこと・聞くこと」領域において取り立てて指導する必要があるが、それを包含するより大きな「話し合い観」については各教科の学習のなかで扱うことが可能である。教師自身が学級経営のなかで大切にしている「観」を具体的な振る舞いのレベルで言語化し学級に浸透させていくことができれば、話し合い活動の充実が期待できる。また、子供の側からあるべき文化の姿を提案してもらい、学級という一つの社会における話し合いのあり方を議論できれば、そのこと自体が話し合いの重要な学習となる。

技術③　評価の視点を話し合いの方法に置く

各教科の学習過程における話し合いと、国語科の「話すこと・聞くこと」領域の話し合いの最大の違いは、その目的にある。前者は、各教科内容の学習が目的であり、後者は話し合いを進める方法の学習が目的となる。

各教科における話し合いの際、教師の意識は「どんな意見が出ているのか」といった話し合いの内容に集中しているだろう。しかし、話し合いの充実を目指すためには、評価の視点をその内容だけでなく、話し合いの方法にも置くことが求められる。「どのように話し合いが展開しているのか」という視点をもちながら、適宜介入することが話し合い指導の基礎的な技術となる。

授業技術アップのヒント

国語科の「読むこと」領域や各教科における話し合いは「関連指導」、国語科の「話すこと・聞くこと」における話し合いは「取り立て指導」とも呼ばれている。「関連指導」における課題を「取り立て指導」で扱い、「取り立て指導」での学びを「関連指導」に生かすサイクルを有機的に連動させたい。

第2章　基礎・基本の授業技術　043

11. ローマ字指導の技術

技術1　ローマ字の仕組みを教えて論理的に読める・書けるようにする
技術2　楽しみながらアルファベットの音と文字を一致させる
技術3　スモールステップで系統的に教える

　まず，ローマ字を習得する意義について整理しておきたい。1つ目は日本語の音韻について理解すること。2つ目はPCへのローマ字入力に資する学習であること。3つ目は英語学力の向上に資する学習であるということの3つである。小学3年で教えるローマ字を，全員が習得できるようにするために効果的な授業技術について紹介する。

技術1　ローマ字の仕組みを教えて論理的に読める・書けるようにする

　ローマ字を何度も読ませたり書かせたりして，経験的に習得させる方法も散見されるが，論理的に読んだり書いたりできるようにする方が結果的に近道である。ローマ字は，基本的に「子音＋母音」の組み合わせで成り立っている。そこで，この仕組みを理解させて，例えば「su」を読ませたい場合は子音が「s」で母音が「u」なので，サ行のウ段だから「す」と，ローマ字の仕組みを活用して読めるようにするのである。

技術2　楽しみながらアルファベットの音と文字を一致させる

　技術1で述べたように「s」がサ行であるとわかるためには，「s」を「エス」と読むことができ，英語の「s」の音を理解していなければならない。つまり，ローマ字の仕組みを理解させるだけでなく，子供がアルファベットの音と文字を一致できるようにすることが重要である。そこで，子供が楽しみながら習得できるようにするための方法を3つ紹介する。

044

1つ目は歌いながら楽しく覚える方法である。アルファベットを書き並べたものを電子ボード等に写し「ａｂｃｄ…」と歌いながら覚えていく。慣れてきたら難易度を上げ，様々なパターンで行う。例えば，逆から「ｚｙｘｗｖｕ…」と歌ったり，縦に「ａｈｏｖｂｉｐ…」と歌ったりする。

　2つ目はフォニックスである。外国語活動のデジタル教科書等を活用し，「ａ　ａ　apple」「ｂ　ｂ　banana」などと歌いながら音と文字を一致できるようにしていく。「ｇ」はアルファベットでは「ジー」と発音するが，ローマ字ではガ行になる。フォニックスを活用して「ｇ」「ｈ」「ｗ」「ｙ」など，アルファベットの読みと異なる英語の音も身につけさせていく。

　3つ目はアルファベットのカードを使ったカルタである。対戦相手を替えながら何度も行うことで，楽しみながら習得につなげることができる。

技術❸　スモールステップで系統的に教える

　読み書き分離の考え方から，ローマ字学習においても「読み」を先に習得させたい。稿者は以下のような順序で指導することを提唱している。

①ひらがな五十音の暗唱（「あいうえお…」と「あかさたな…」）

②アルファベットの音と文字を一致させる（大文字，小文字ともに）

③母音（ａｉｕｅｏ）を「あいうえお」と読めるようにする。

④子音（ｋｓ…）を見て，カ行，サ行…とわかるようにする。

⑤ローマ字を読む（清音→濁音→半濁音→拗音→長音→促音→撥音）

⑥ローマ字を書く（清音→濁音→半濁音→拗音→長音→促音→撥音）

　スモールステップで一つ一つクリアさせながら指導するとよいだろう。

──────────── 授業技術アップのヒント ────────────

　アルファベットや英語に初めて触れる子供がローマ字を嫌いにならず，習得できるようにするために，外国語活動やその他の隙間時間などを活用し，ゲーム性を取り入れて楽しく学習を進めていくことがカギになる。

第2章　基礎・基本の授業技術　045

第3章　「話すこと・聞くこと」の授業技術

1．課題把握・見通しをもつための技術

技術1　目的意識をもたせる
技術2　文字起こし原稿を活用する
技術3　活動の進捗を可視化する

　「話すこと・聞くこと」の学習活動は，一見するとうまくいっているように見える場合が多い。これは，子供一人一人の学びを成立させるために教師が留意しておかなければならないことである。学習活動をさせていくなかで，教師は，例えば得意な子供たちだけで話し合いが成立してしまってはいないか，大きな声で話すことだけが称揚の対象になってしまってはいないか，原稿を暗記するのがスピーチの目的になってしまってはいないかといったことを見取るのが重要だと考える。これらは「話すこと・聞くこと」で起こりがちな現象だからである。そして，これらの現象は子供たちが課題をしっかりと把握し，見通しをもって活動に臨むことで修正されるだろう。そのために稿者が重要だと考える授業技術を以下に3点載せる。

技術1　目的意識をもたせる

　目的意識が弱い「話すこと・聞くこと」の学習活動は休み時間の雑談と同じである。自戒も込めて，教師はこれくらいの気持ちで「話すこと・聞くこと」の授業をしていく必要があると考える。

　目的意識をもたせるためには，活動後の適切なフィードバックが効果的である。例えば「他者の意見を取り入れて話し合う」ことが活動の目的だとする。そこで，ひとまず子供たちが活発に話せそうなテーマで話し合いをさせてみる。このとき，多かれ少なかれ「○○さんはどう思う？」や「○○さんの言っていることはこういうことだね」といった，目的に適う発言を子供た

046

ちは無自覚にしているものである。これを全体にフィードバックして，価値づけていく。稿者の場合は，授業前にどのような発言があれば目的に適っているのかという想定を行い，フィードバックするためのメモを準備するようにしている。そうすると，活動中にそのような発言を拾いやすくなる。

技術② 文字起こし原稿を活用する

これは，「話すこと・聞くこと」の学習活動の課題を子供たちの手元に置いておくための技術である。例えば，話し合いがうまくいっていない場面の動画を見せる。動画を途中で止め，「ここで話し合いを本題に戻すために，あなたがこの場の司会者だったらどんな言葉をかける？」と問いかける。その際，視聴していた動画の文字起こしのプリントを配るのである。文字起こしは最初から行う必要はないだろう。子供に考えてもらいたい箇所があればよい。

子供たちの対話の文字起こしも効果的である。これも，例えばよかった内容の前後のものがあればよい。それを子供に配り，どの言葉がポイントになったかを考えさせるのである。このことがその後の活動につながっていく。

技術③ 活動の進捗を可視化する

「話すこと・聞くこと」の学習活動は，タイムスケジュールが大雑把だと散漫になり，几帳面だと硬直化する傾向があるように思える。このバランスを取っていきたい。稿者の場合，活動内容にもよるが，大まかな時間は設定し，そのなかでやるべきことの詳細を指定している。さらに，右表のような進捗状況にチェック

	1班	2班	3班
役割分担	○	○	○
台詞決め	○		○
練習	○		

を入れられる表を黒板に示しておく。グループごとに，それぞれの活動に入ったら○を付けに行く。このようにすることで，活動中に自分たちの見通しを修正していくことができる。

授業技術の活用場面（中学3年）

○単元名：話し合いで合意形成をはかろう（本時：1/4時）

○教材名：「話し合いで意見をまとめよう」（東書）

○本時のねらい：お互いの発言を生かしながら話し合い，社会生活のなかから話題を決めて伝え合う内容を検討することができる。

学習活動	留意点等
1　本時のめあてを確認する。 　伝える内容を話し合いで決めよう。	
2　話し合いの動画を視聴する。 ・途中まで観て，議論をまとめていくために司会者ならどのような言葉がけをするかを考える。 ・個人の考えをペアで交流する。	・話し合いがうまくいっていない場面で映像を一旦止める。その場面の文字起こしのプリントを見ながら思考を促す。 ・お互いの考えを伝え合うだけに留まらず，そこから発展しようとしているペアの発言はメモしておき，後で全体にフィードバックする。
3　単元全体の見通しをもつ。	・単元計画を示し，目標をおさえておく。
4　「自分の住む町の予算をどのように配分するか」というテーマについて自分の考えをもち，小グループで検討する。	・目的を意識しての話し合いを促す。
5　本時の授業を振り返る。	・次時への見通しをもたせる。

授業技術活用のポイント

「話すこと・聞くこと」の学習活動をそのまま行わせた場合，子供の手元に記録が残らない。近年は1人1台端末環境により，子供が話す場面を録画して，それを見なおすといった活動も以前より見られるようにはなってきた。しかし，これでも子供にとって気軽に見返すことのできる記録にはなっていない。その点，文字起こしは子供にとって扱いやすい資料であると言える。

資料の活用のさせ方は多様である。例えば，文字起こしのなかに空欄を作っておき，そこに入る言葉を考えさせる活動。発言と発言を矢印などで結び，話の内容を構造的に把握する活動。これらを通して，子供が「話すこと・聞くこと」の学習活動を客観的に捉え，課題を見出せるようにしていきたい。

なお，現時点では文字起こしは教師が行うことを想定している。しかし，現在はリアルタイムで文字起こしできるアプリやソフトも台頭してきている。近い将来，授業中に話し合いを行い，直後にその録画と文字起こしを見ながら振り返るといった活動も手軽にできるようになっていくだろう。

そのようになったとしても，子供の活動に対する教師の適切なフィードバックは必要であり続けるのではないだろうか。そのための技術を磨き続けなければならない。今回は，ペアの交流において「お互いの考えを伝え合うだけに留まらず，そこから発展しようとしている」ところを見取り，フィードバックするという場面を活用の例として挙げた。

単なる報告会にならず，お互いの発言を生かしながら話し合っているとき，そこにはどのような言葉が飛び交っているのだろうか。あるいはどのような聞き方をしているのだろうか。そのイメージをすることから始めたい。

授業技術アップのヒント

「話すこと・聞くこと」は，前もって活動を想定し，やってみることをしづらい側面がある。一人で話し合いはできない。それでも，どれだけ授業中の具体を予め想定できているかが，成否に影響するだろう。

2. 考えをもつ・意見形成のための技術

技術**1**　話したいことを書き出し，整理する
技術**2**　自由に対話ができる余白のある環境を整える
技術**3**　表現をすることでブラッシュアップする

　国語科という教科の学びをベースとしながら，その枠組みを越えて，探究的な学びを行うことで，子供の意見形成は洗練される。子供たちが，探究的な学びから自己の考えをもち，意見形成するプロセスについて提案していきたい。

　平成29年改訂学習指導要領国語編（以下，国語科学習指導要領）「話すこと」の指導事項は，話題の設定・情報の収集・内容の検討・構成の検討・考えの形成・表現・共有，と明記されている。意見形成をするために必要な話題の設定・情報の収集・内容の検討では，日常のなかから話題を決め，集めた材料から必要な情報を選んだり，その内容を検討したりすることが示されている。一方，「総合的な学習（探究）の時間」では，「日常生活や社会に目を向け，児童（生徒）が自ら課題を設定する」とされており，そのプロセスは，①課題の設定②情報の収集③整理・分析④まとめ・表現，と示されている。このように，「話すこと」の学習と「探究的な学び」を比較してみると，非常に似通った部分をもち合わせている。この二つの学びをリンクさせることを指導の念頭に置くことは極めて重要である。

技術**1**　話したいことを書き出し，整理する

　探究的な学びから意見形成をしていくためには，まず「やってみる」を大事にしていくことである。学習のゴールに対して，課題や問いを子供たち自らが見出し，考えたいことや思いついたことをイメージマップなどの思考ツ

ールを活用してノートやワークシートに書き出す。このときに大切なのは「どんどん書いていく」ということである。これは違う，あれは違うと正解を求めることはせず，子供たちの自由な想像や発想を大切にしたい。その後，「これとこれは分けられるんじゃないかな」「こことここがつながるよね」と子供が書いたことを教師が分類したり，関連づけたりすることを促していく。そうすることで，子供たちは自然と自分の考えが整理されていくだろう。

技術2　自由に対話ができる余白のある環境を整える

　意見形成をするためには，じっくりと他者と対話をする時間を設定することが大切である。つまり，「自由に対話ができる余白をつくる」ことが，協働的な学びを行う上でとても重要である。「同じグループの人と話してみよう」と同じ考えの子供たちに議論を促したり，「違うグループの人と意見交換をしてみよう」と違う考えの子供たちに意見交換したりすることを促していく。ただ話し合いを促すだけでなく，「考えたことはメモに残しておこう」と事前に具体的な活動を指示する。このように他者との対話のなかで自己の考えは研ぎ澄まされていく。また，新たな問いが生まれるかもしれない。1時間で授業をまとめるということはせず，自由に対話ができる余白のある環境を整えることが意見形成を加速させることにつながるだろう。

技術3　表現をすることでブラッシュアップする

　「学習したことや考えたことを表現する」＝「アウトプットする」と自分の考えはブラッシュアップされるだろう。例えば，タブレットを活用して自分の考えをスライドにまとめるという表現方法を用いる。スライドをつくるプロセスのなかで，「相手にわかりやすく伝えるために，他に資料はないかな」「どうすればもっと伝わりやすくなるかな」と問い返すことで，子供たちは，試行錯誤を繰り返し，自分の考えをブラッシュアップできるのではないだろうか。

第3章　「話すこと・聞くこと」の授業技術　051

授業技術の活用場面（小学6年）

〇単元名：未来の町をえがこう（本時：8/12時）

〇教材名：「意見を聞いて考えよう」（東書）

〇本時のねらい：他者との交流を通して，意見形成をすることができる。

学習活動	留意点等
1　本時のめあてを確認する。 　友達と交流し，自分の考えを深めよう。	・前時までに書いた提案書を基にして友達と交流することや本時のめあてを確認する。
2　話したいことのテーマが同じグループの友達と交流する。 ・考えたことの内容について質問し合う。	・話したいことのテーマが同じ友達と互いに質問し合うよう促す。
3　話したいことのテーマが異なるグループの友達と交流する。 ・考えたことの内容について質問し合う。	・話したいことのテーマが違う友達と自由に交流するように促す。 ・交流して考えたことはメモに残しておくことを伝える。
4　交流したことを基に考えをまとめる。 ・交流をして，気になったことや話したいことを提案書に付け足していく。	・交流したことを基に，話したいことをまとめるように伝える。
5　プレゼン大会に向けて資料を作成する。 ・スライドに自分の考えをまとめていく。 ・集めた情報のなかから絵や図を用いてスライドにまとめる。	・スライドにまとめる際に，相手に伝わりやすいスライドをつくるために絵や図を用いることを指示する。

授業技術活用のポイント

　単元の導入で，何のためにという「目的意識」と誰のためにという「相手意識」を明確にすることが大切である。つまり，学習のスタート段階で，学びを自分事として捉えられるかが，探究的な学びから意見形成をするための第一歩となる。この授業では，「町の幸福論―コミュニティデザインを考える―」（東京書籍，令和2年度版6年）の説明文教材を読み取ったことを踏まえて学習を行う。意見形成を深めるポイントは，他者と「対話を通して，協働的に学ぶ」ことである。そのためには，グループの人数を2〜4人程度とし，机や椅子の配置をアイランド型にする。教室環境（空間デザイン）に配慮することで，対話ができる雰囲気をつくることになり，自由に対話をするきっかけにもなる。また，対話を通して協働的に学ぶことで，新たな問いや新しいアイデアが生まれ，意見形成は洗練される。教師は，子供を見取りながら，学びの進捗状況を確認したり，ときにはアドバイスをしたりする。このように，子供たちの「探究心」を育むことが意見形成を深めることにつながっていく。

授業技術アップのヒント

　現代的な諸問題（国際理解，情報，環境，福祉，健康など）は，正解が一つに定まらない。これからの時代を生き抜いていく子供たちには，このような課題に対して，自分で考え，物事を解決できる力が必要となってくる。そのためには，探究的な見方・考え方を働かせて学習できる学習課題の設定が重要である。例えば，授業技術の活用場面で記した「町の幸福論」では，単元のゴールを「2030年に自分が市長ならどんな未来の町を創るか。〜プレゼン大会をしよう〜」と設定する。「もしも自分だったら…」と子供たちが自分事として捉えることのできる単元のゴールを設定することが意見形成を促すためのヒントとなるだろう。

第3章　「話すこと・聞くこと」の授業技術　053

3. 構成の検討のための技術

> 技術① 相手や目的について考えさせる
> 技術② 複数ある方法のなかから選択させる
> 技術③ 「見せ方」を工夫させる

　スピーチやプレゼンテーションを指導する過程において，話す内容について考えさせる時間は必ずと言ってよいほど設定されている（国語科学習指導要領における「話題の設定」「情報の収集」「内容の検討」がこれに該当する）。一方，話し方に関する指導に含まれる「構成」を意識させる時間は，共通した型を提示するだけか，設定されていたとしても他の学習への活用という視点が充分でない場合などがある。学年や実態によっては，共通の形式で話す活動を体験させるということも考えられるが，小学校の高学年から中学校段階にかけては，他教科の学習や日常生活の様々な話す場面においても「構成」が意識できるような指導へと転換していくことが求められる。

　この際に重要なのは，話す内容と方法をいかに連関させるかである。内容は内容，方法は方法と指導を切り分けてしまっては，次の活動につながらないだけでなく，そもそも聞き手に伝わらない話となってしまう可能性がある。以下の3つの技術により，話し手が内容を意識しながら方法を吟味し，方法を工夫するなかで内容について再度検討するような授業を展開したい。

技術① 相手や目的について考えさせる

　スピーチやプレゼンテーションは聞き手がいてこそ成立する。しかし，国語科の「話すこと・聞くこと」の授業でこれらの活動を行う場合は，教師によってその活動が提案されるため，どうしても「誰に」「何のために」行うのかが意識されないことがある。そこで，授業のなかで相手や目的について

立ち止まって考える時間を設けたい。例えば，誰かに「本」を紹介する場面においては，話す相手はその本の内容を知っているのかどうか（相手に関する意識），感想を聞いてもらうだけでよいか実際に読んでほしいのか（目的に関する意識）など，相手や目的によって構成は大きく変化する。

技術②　複数ある方法のなかから選択させる

次に，先に意識させた相手や目的に応じて，複数ある方法のなかから子供自らに選択をさせる。共通した形式で話させる場合にはこのプロセスは生じないが，それでは子供たちが方法を活用する視点を獲得することが難しい。

話し始めにおいて，「○○について知っていますか？」と〈問いかけ〉るのか，「私が今日皆さんに伝えたいことは○○ということです。」と〈結論〉を述べるのか，「私が紹介する○○という本のあらすじは…。」と〈概要の紹介〉のどれを選ぶのかは，話し手が想定する相手や目的によって選択されるべきものである。教科書の例は一つであったとしても，教師が方法（「技術3」参照）を複数提示し，それを選択する過程を設けることが重要である。

技術③　「見せ方」を工夫させる

手に何も持たずに話す力を育てる必要があるが，そこに至るまでには具体的な「もの」を活用することも有効である。実物があれば「本をいつ見せるか」というタイミングを検討することができる。一方，具体物を準備できない題材でも，ICTを活用すればアニメーション機能によって「いつ表示するか」を考えることができる。さらに，タッチスクリーンの端末が配備されたことで「ピンチ」による画像の拡大・縮小という「見せ方」が新たに可能となった。「これは何の画像かわかりますか？」のように一部を拡大した状態から話し始めることで聞き手を引きつけたり，「○○を引いた視点から見てください。」のように話題を切り替えたりすることが考えられる。

第3章　「話すこと・聞くこと」の授業技術　055

授業技術の活用場面（小学5年）

○単元名：私たちの街のみ力を伝えよう（本時：3/5時）

○教材名：「すいせんしよう『町じまん』」（教出）

○本時のねらい：調べた内容をどのような構成でプレゼンテーションするの
  かについて，相手や目的を意識して考えることができる。

学習活動	留意点等
1　本時のめあてを確認する。 　効果的な発表の構成を考えよう。 2　前時までで調べた情報を整理する。 ・プレゼンテーションソフト（Google スライドや Microsoft PowerPoint など）に，画像やキーワードをまとめる。	・前時までの情報収集や発表は，実態に応じてグループで実施してもよい。 ・スライド1枚につき一つの情報をまとめるようにしておくと，次の活動で前後の入れ替えが容易になる。
3　相手や目的を意識しながら構成を考える。 ・プレゼンテーションの場の設定について確認する。 ・構成の例や発言例を複数提示する。 ・見せ方を工夫してもよいことを伝える。	・場（相手や目的）の情報や，構成や発言の例は黒板かモニターに提示し，いつでも参照できるようにする。
4　ペアで冒頭部分を試しに見せ合う。 ・プレゼンテーションの最初の30秒を試す。 ・それぞれよいところを伝え合う。 5　本論部分の発表内容について考える。 ・本論や結論部分について考える。 ・適宜，グループ内で進捗状況を見せ合う。 6　本時のまとめをする。	・冒頭部分のみでもプレゼンテーションのイメージをより豊かにもつことができる。 ・細かな発表原稿を作成する必要はなく，あくまで構成のレベルで発表内容の検討を促す。

授業技術活用のポイント

　1人1台端末の配備により，ICTを活用したプレゼンテーションの機会が増えている。最近では，Canvaのように豊富なテンプレートが提供されている無料のアプリも増えており，準備にかかる時間も随分と短縮できるようになった。国語科の「話すこと・聞くこと」の授業として実施するプレゼンテーションにおいては，スライドの完成度よりも話し方の学習に重点を置く必要があるため，テンプレートやAIも適宜活用していくとよいだろう。

　また，他教科では学習成果の発表や他者への説明など，必然性のあるプレゼンテーションの場が設定されるが，国語科の取り立て指導においては必ずしもそのような場が準備できないことが多い。しかし，ただ漫然とプレゼンを見せ合うだけでは緊張感もなく，学びにもつながりにくい。そこで，「私たちの街のみ力を伝えよう」という話題においても，聞き手の属性を工夫したり，架空の設定を盛り込んだりすることによって，相手意識と目的意識の双方に働きかけたい。

　例えば，魅力を伝える相手が「地域の住民」か「海外から来た観光客」かによって，伝える内容と方法は大きく変化する。また，Google MeetやZoomなどのウェブ会議システムを活用して，「他県に住む小学6年生」とオンラインで接続することができれば，国語科の学習であっても切実性を高めることができる。

授業技術アップのヒント

　私たち教師は，どの程度「優れたプレゼンテーション」についての知識を有していると言えるだろうか。企業などではプレゼンについて研修をしているが，私たちも様々な事例を見ながら「優れたプレゼン」とはどのようなものかについての考えをアップデートしたい。単元を構想するタイミングで，YouTubeにアップされている各種「プレゼン」を視聴し，必要に応じて子供たちにも視聴させると，よりレベルアップした発表に近づくだろう。

4．話す力を身につける技術[1]
子供にとっての必然性を高める

> 技術❶　子供それぞれに目標を設定させる
> 技術❷　聞き手に対しても忘れずに指導する
> 技術❸　「うまくいかなかった」点を記録させる

　話す力と一言で言っても，その内実は極めて多様である。基礎的なものには「声」が挙げられ，発声がうまくできていないと聞き取りにくいことがある。また，聞き手は非言語的な要素からも情報を得ており，話し手の視線や表情，身振り・手振りも話す力と関連している。話し方という点では，スピーチやプレゼンテーションを構想する段階においては構成を意識させる必要があり，ペア・トーク，グループ・ディスカッション，学級会といった場面においては自分の意見を端的に「説明」することが求められる。さらに，実生活において話す場面を想定してみると，そこでの話す姿は「場」によって異なっており，細かな技術を網羅的に指導することは現実的ではない。

　こうした性質を備えた「話す」という行為の指導については，年間を通した継続的な視点が必要不可欠となる。また，普段は無意識に行っている活動について自覚する契機を指導のなかにも取り入れたい。日常的な授業における技術としては，次のように具体化することができよう。

技術❶　子供それぞれに目標を設定させる

　指導したい内容は細かく挙げればきりがない一方，小学生が「話す」という活動をしながら同時に意識できるポイントの数には限界がある。こうしたことから，指導事項の学年や実態に応じた絞り込みがまずは求められる。その上で重要なのは，指導事項を教師がトップダウン的に示すのではなく，子

供が自らに必要な技能として捉え，身につけたい目標として設定できるかどうかが重要である。そのためには，これまでの日常生活や学校での「話す」活動を想起させるなどしながら，「自分は今日，これができるようになりたい！」という視点からそれぞれの目標を設定させたい。

技術２　聞き手に対しても忘れずに指導する

　話し手への指導とともに，忘れてはならないのが聞き手への言葉がけである。それぞれの子供が目標を意識しながら話したとしても，肝心の話す活動において「自分の言いたいことが伝わった！」という実感が得られなければ，「次も，話したい！」という感情は芽生えない。当然，聞き手が理解できていない内容に対しても無理にうなずく必要はない。いつもより少しだけリアクションを大きくするだけで，話し手に対するフィードバックとなる。

　こうした聞き手に対する指導は学級経営とも密接に関係している。よい聞き方が見られたときに即時的に価値づけるなどし，話しやすさは聞き手によってもたらされるという感覚を学級のなかで醸成させたい。

技術３　「うまくいかなかった」点を記録させる

　話す活動を実施する前段階においては，話した後の「気づき」を記録する際の視点も提示しておきたい。到達目標に照らして，「○○ができた」という点を中心に自己評価させることは一般的にも行われている。こうした「うまくいった」という方向での気づきに加え，特に大切にしたいのは子供一人一人の「うまくいかなかった」という感覚である。実際に話す活動を体験するなかで感じた，「うまくいかなかったけれど，どうしたらよかったのだろう」「話しているときに○○という感じがした」といったレベルの困難感こそが，次の活動につながる結節点になると考えられる。

　すなわち，話す活動は単元のゴールではなく，その活動で得られた気づきをその次の話す活動に生かす視点こそが，継続的な指導を構想する際の視座となるのである。

第3章　「話すこと・聞くこと」の授業技術　059

授業技術の活用場面（小学4年）

○単元名：おすすめの本についてしょうかいしよう（本時：3/4時）

○教材名：「ブックトークをしよう」（東書）

○本時のねらい：それぞれが設定した目標を意識しながら話し，達成度を自
　己評価することができる。

学習活動	留意点等
1　本時のめあてを確認する。 ポイントを意しきしながら，本のしょうかいをしよう。	
2　話し方についての個人の目標を立てる。 ・これまでの学習を想起させ，今日の学習活動における個人の目標について考えさせる。 3　発表の進め方について確かめる。 ・話し手は，話し終わった後に「話しながら思ったこと」をワークシートに記入することを伝える。 ・聞き手は，どのように聞くとよいか考えさせる。	・教師が指導したい事項を複数示しつつも，ワークシートを用いるなどして特に意識したい点を絞らせる。 ・次時で振り返る際の学習材として，それぞれの端末で動画や音声記録をとるように指示してもよい。
4　ポイントを意識しながら，本の紹介をする。 ・6人グループになり，順番に本を紹介する。 ・全体を見ながら，優れた話し方を見つける。 ・聞き手の反応も，適宜動画等で記録する。 5　活動を振り返って自己評価する。 ・話し手としてどのようなことに気づいたかについて「うまくいかなかった」点を含めて記録させる。 6　本時のまとめをする。	・少人数の学級であれば全体で実施する。大人数の学級の場合は間延びしてしまうため，適宜グループで実施する。 ・聞き手の反応から得られた情報があれば，それを含めて記入させるとよい。

授業技術活用のポイント

　国語科の「話すこと・聞くこと」の授業を構想・実施する上で，教師がどのような教科内容観を有しているのかは，学習に大きく影響する。特に，この領域における指導内容は曖昧な部分も多く，ともすれば「元気よく話していましたね」といった，態度主義に終始してしまうことも考えられる。

　指導事項の例をいくつか挙げてみたい。先述した「声」の大きさの他にも，「話すスピード」や「間合い」といった要素をどのように子供に意識させるのかも重要な要素となる。さらに，「構成」に関わって，説明的文章で学習している「頭括・双括・尾括型」のどれに該当するスピーチを構想するのか，本論部分の「順序」はどのような順で述べるのか（簡単なものから難しいもの／有名なものから珍しいもの等）も想定が可能である。こうした事項は，細かくリストアップをするとあっというまに数十個にのぼるだろう。

　重要なのは，こうしたリストを頭のなかで描きつつ，それを網羅的に指導するのではなく子供一人一人の文脈に寄り添って適切なものを示したり，子供の伸ばすべき資質・能力に合わせて引き出したりすることであろう。そのためにも，日常的な授業過程において子供たちの言語活動をつぶさに観察し，場合によってはその場その場で声をかけながら話す・聞く・話し合う行為を価値づけたり，ペア／グループ／学級全体といった様々な規模の場において発言することを励ましたりする意識をもち続けたい。

授業技術アップのヒント

　教師が子供たちの言語活動を「みる」という意識をもつことが大切である。ここでの「みる」はただ「見る」だけでなく，「視る」「観る」「診る」「看る」といった意識を含むものである。「鑑識眼」という言葉があるように，教師の「眼」によって瞬間的な授業技術の発現が大きく変化してくるはずである。担任をしている学級に加えて，隣の学級や前後の学年，更には他校の子供の様子を「みる」ことから教師自身も気づきを得たい。

5．話す力を身につける技術②
話し合いのコツを発見させる

技術❶	バッドモデルから気づかせる
技術❷	非言語コミュニケーションのよさに気づかせる
技術❸	文字化資料から気づかせる

　多くの人にとって「話し合う」ことは，日常的な行為である。もちろん，子供たちの日常生活においても同様である。学校では，友達と好きなゲームについておしゃべりをしたり，鬼ごっこのルールについて話し合ったりするといったことが，毎日のように行われている（もちろんそこには，うまくいかなかった経験も含まれるであろう）。しかし国語科の「話し合い」の学習活動になると，日常生活から切り離された形式的な話型で窮屈そうに話し合っていたり，活発に話し合ってはいたけれども，学習内容として何を学んだのかの実感に乏しかったりといった授業に陥ってしまうことがある。そこで，子供たちの知識や経験と結びつけさせたり，子供たちが自然に話し合う姿を価値づけしたりしていくことで，「話し合いのコツ」に発見的に気づかせていく。

技術❶　バッドモデルから気づかせる

　子供たちに気づかせたい点に焦点化し，悪い例や違和感のある例文を子供たちに提示する。そして「何がよくないのか？」「どうするとよいのか？」について子供たちに指摘させ，言語化できるように促していく。例えば「下学年と交流を深めるための遊びを決める」という話題において，

　　Ａ：「ぼくはドッジボールがやりたい。」
　　Ｂ：「どうしてドッジボールがいいの？」

Ａ：「だって，やりたいから。」

といった資料を提示する。子供たちは「理由になってない」「目的に合ってない」などと指摘することだろう。さらに，「どうすればよいか」を問い返すことで，「下学年が楽しめる理由を言う」「目的に合う意見を言う」といった，よりよい話し合い方について気づきを促すことができる。

技術２　非言語コミュニケーションのよさに気づかせる

　人と人が会話する際は，会話の内容だけでなく，言い方や表情，ジェスチャーなどの非言語コミュニケーションも非常に重要である。相手に視線を合わせたり，明るい表情でうなずいたりして，相手に好意的な関心を示すことが，コミュニケーションを円滑にし，互いにとって気持ちのよい話し合いにつながっていく。そこで，子供たちの実際の話し合い活動のなかから，「うなずき」や「相槌」，「相手の方を向く」といった態度を見取り，「相手を大切にしているね」「話しやすい雰囲気をつくっているね」などと，学級全体にその行為の価値を伝えていく。子供たちは，友達や自分が無意識的に行っていた非言語コミュニケーションのよさについて発見的に気づき，今後意識して使っていこうという意欲をもつことができる。

技術３　文字化資料から気づかせる

　話し合いは音声でのやりとりが中心であり，その音声は即時的に消えてしまうという特性がある。この音声言語の特性が，話し合いの過程を振り返り，評価することの難しさにつながっている。そこで，子供たちの実際の話し合いの様子をＰＣなどで録音し，教師が文字起こしをして資料を作成する。子供たちの実際の活動を文字化した資料を基に，話し合いのよいところや改善できるところについて気づかせ学級全体で共有する。共に生活している学級の子の話し合いを文字化した資料は，子供たちの関心を強力に引きつけ，言動の変容を促すことにつながっていく。

第3章　「話すこと・聞くこと」の授業技術　063

授業技術の活用場面（小学3年）

○単元名：はんで意見をまとめよう（本時：4/8時）

○教材名：「グループの合い言葉をきめよう」（東書）

○本時のねらい：文字化資料を基に話し合い方のよさに気づき，「話し合いのコツ」としてまとめることができる。

学習活動	留意点等
1　本時のめあてを確認する。 　　話し合いのコツを見つけよう。	
2　前時の「広げる話し合い」から，コツを見つける。 ・「いいな」と思う箇所やその理由について考えを交流する。 　相槌…「あ？」「いいね」 　理由…「だってさ」「どう思う？」	・作成した文字化資料を全員に配付する。子供に音読させ，「いいな」と思う箇所を見つけたら線を引かせる。
3　「まとめる話し合い」のコツを見つける。 　質問…「どういうこと？」 　提案…「じゃあさ」	・バッドモデルの資料を基に，どうすればよいかを考えさせる。
4　「話し合いのコツ」を使って話し合う。 ・下学年との遊びを決める話し合いをする。	・PCで各グループの話し合いを録音する。
5　振り返りをノートに書く。	・使えたコツや，次時に使いたいコツについて，理由も含めて書くように伝える。

授業技術活用のポイント

この授業は，前時に行ったグループでの話し合いを文字化した資料や，教師の用意したバッドモデルを基に，話し合い方のよいところや，改善すべきところに気づかせ，「話し合いのコツ」として，まとめていくものである。

前時では，「下学年と交流を深めるための遊びを決める」という目的意識や相手意識をもって，グループで考えを「広げる話し合い」を行っている。各グループの話し合いは録音しておき，気づかせたい点を観点にグループを抽出して文字起こしする（例えば，「相槌をうつ」「理由を言う」など）。文字起こしは，できるだけ話したままの言葉で文字化していく。文字起こし用のアプリなどを活用すると，作業の負担は軽減できる。資料は全員に配付し，拡大資料を黒板に貼っておく。「いいな」と思うところに線を引かせ，全体で共有していく。教師が気づかせたい点について意見が出なければ，「先生はここがいいと思ったんだけど，どうしてだと思う？」というように，焦点化して問うてもよい。「話し合いのコツ」としてまとめるには，「理由を言う」→「理由」と端的にしたり，「だってさ」などと，話し始めの言葉とセットにしたりすると，より明快で使いやすいものになる。

教師が用意するバッドモデルの資料は，気づかせたい「話し合いのコツ」に焦点化した資料を提示し（「質問」であれば，わからないことがあるのに質問しない場面など）子供たちに違和感を感じさせる。そして，「どうすればよいか」を言語化させ，「話し合いのコツ」としてまとめていく。

授業技術アップのヒント

「話し合い」は，学校生活全般にわたって行われている。国語科の授業以外の場面においても，望ましい言動を価値づけたり，「話し合いのコツ」を想起させたりすることで，話し合いの力を向上させることができるだろう。

参考文献：上山伸幸（2021）『小学校国語科における話し合い学習指導論の構築―メタ認知を促す授業とカリキュラムの開発をめざして―』渓水社

6. 話す活動のための技術

技術1　話す相手を明確にする
技術2　話す内容は原稿化しない
技術3　「話し方」についてメタ認知ができるように促す

　まずは「話すこと」の授業で陥りがちな失敗例を挙げてみたい。

・教科書に設定されている「○○について話そう」を学級で行うだけで，その目的感がない。

・教師が望んでいる話す活動のイメージや形式を優先したり，子供を過度にサポートしたりするあまり，話す内容を原稿に書き，それを読みあげるのみの活動になっている。

・「話すこと」の学習活動であるにもかかわらず，学習活動の振り返りを見てみると「△△について考えられてよかった」「□□について話すことができた」など話した内容ばかりになっている。

　本来，話し方について学ぶ活動は，学校生活はもとより進学，就職，更には仕事を行うときなど，子供の人生に影響を与える大変重要な学習内容である。しかし，話すということは基本的に全員ができるので，課題意識をもたせることが難しい。よって，このような課題意識を引き出すためにも，これから示す技術を生かして「話し方」について考え，工夫し，振り返ることのできる授業を実現していきたい。

技術1　話す相手を明確にする

　小森（1999）は，5つの言語意識として『①相手意識②目的意識③場面や状況意識，条件意識④方法や技能意識⑤評価意識』を示している。このなかで示唆に富んでいる点は，「相手意識」が言語意識の根幹になっていること

である。つまり「誰に伝えるか」が言語を扱う，もちろん話をする上でも重要だということである。ともすれば，授業を設定するときに「何のために（目的）」が先走り，伝える相手とマッチしていない場合がある。また，例示した「話し方や話の形式（方法や技能意識）」の指導ばかりに注力し，その相手や目的が置き去りにされている場合も多い。まずは，話す「相手」に必要性がある活動になっているか確かめることが大切である。

技術② 話す内容は原稿化しない

　話す内容を原稿に書いて発表させることで「話す活動」としている授業が見られる。これは果たして「話す力」が伸びていると言えるのだろうか。ともすれば，子供は書いたことを読みあげているだけで，「話す活動」で大切にしたい言語意識や話し方といった方略の獲得に至っていない可能性が高い。もちろん話す場によっては原稿を用意して読みあげるときもある。しかし，国語科でわざわざ「話す活動」を行うのであれば，できるだけ原稿なしで行い，不安が残る子供にはメモ程度で取り組ませていくことが重要である。アドリブも加えながら，子供一人一人が話すこと自体を楽しむことのできる活動を設定していきたい。

技術③ 「話し方」についてメタ認知ができるように促す

　音声言語の授業の難しさは，その活動の様子を「見える化」できないことである。それゆえに，自分自身の「話し方」を見つめなおすことが難しい。よって，そのようなメタ認知が働くよう教師側が適切に指導，支援することが重要である。例えば①単元の導入でモデル（よい例または悪い例）を示して分析し，評価基準を子供と共に作る，② ICT を活用して録画・録音して見なおすことができるようにする，③振り返りではできるようになったことだけでなく，今後も活用したい話し方とその場面を書かせる，等が効果的である。

参考文献：小森茂（1999）『「伝え合う」力の育成と音声言語の重視』明治図書

授業技術の活用場面（中学２年）

○単元名：プレゼンテーションのコツを見つけて実践しよう！

(本時：2/4時)

○教材名：「魅力的な提案をしよう　資料を示してプレゼンテーションをする」（光村）

○本時のねらい：プレゼンテーションのコツを生かして，自分の話したい内容や話し方を考える。

学習活動	留意点等
1　本時のめあてを確認する。 見つけたプロのプレゼンのコツを生かして，プレゼン大会をしよう！ （話す内容や話し方を考えよう。）	・前時に行ったTV通販の映像の分析で見つけたコツの一覧を配付する。
2　プレゼンテーション大会（商品を買いたくなるプレゼン）のルールを学級で検討し，設定する。 ・身近なものにスペシャルな機能を付けて発表する。 ・制限時間　　・スペシャルな機能の数 ・値段の設定のきまり　　・評価の視点 3　話す内容と話し方をメモする。 ・ピンクの付箋→話す内容 ・黄色の付箋　→話し方	・学級全体で話し合いながらルールを設定することで，評価基準を自分で決めさせていく。 ・評価の視点は「話す内容」「話し方」「値段の納得度」の３点にする。 ・話す内容については，付箋に書ける内容はメモしてよいことを学級で共通認識させておく。
4　練習をする。 ・時間がある子供は自分の話す姿を録画し，分析する。 5　振り返りと次時に向けての目標を書く。	・練習時間が少し足りないくらいが子供にとってほどよいハードルとなる。 ・必要に応じて家庭でも練習してくるよう助言する。

授業技術活用のポイント

　この授業は，前時に行った通信販売のテレビの映像を分析して見つけ出したプレゼンテーションのコツを生かして，学級でプレゼンテーション大会を行う準備を進めるものである。

　本時ではプレゼンテーション大会のルールを学級で話し合うことを通して，子供がプレゼンテーション大会の概要をつかむとともに評価基準を自分たちで設定するよう促している。もちろん，教師側の意図として提示すること（例えば，スペシャルな機能を付けてよいことを伝え，想像力を発揮して楽しく話せるようにする）もあるが，教師も子供たちと共に対話しながらルール設定をしていくようにすることで，主体的に学習へ参画する意識を醸成させていく。なお，本授業は学級でプレゼンテーション大会を行うため，必然的に話す相手は「級友」となる。よって，学級メートがどのような内容や話し方をすれば，自分のプレゼンテーションに納得してくれるかについて考えながら話す内容と話し方を考えていくことになる。

　そして，話す内容と話し方について「付箋」にメモさせていく。75mm × 75mm のサイズ，またはそれ以下でもよい。子供によってはメモできるところが小さいと感じることがあるかもしれないが，話す内容のポイントをメモすること，また必要に応じてアドリブも加えながら話すとよいと助言していく。話し方についても前時で見つけたプロのプレゼンテーションのコツを参考に，自分自身が伸ばしたい話し方を明確にさせておくようにする。

授業技術アップのヒント

　話す活動において最も大切なのは，子供の「話したい」という意欲を引き出すことである。また，適度なハードルを設定することも重要である。自分自身が学習を通してどのような話し方ができるようになったのか，話すときに大切なことは何かについて自ら言語化できるよう支援していきたい。

第 3 章　「話すこと・聞くこと」の授業技術　069

7．話し合う活動（ペア・グループ・全体）の技術

> 技術**1** ズレから対話を生む
> 技術**2** 話し合いの風土を育てる
> 技術**3** 発言量を増やすためのしかけをする

　「話すこと・聞くこと」の学習活動の大前提として「よい聞き手」と「よい話し手」の両者を育てることは，必要不可欠である。また，1，2回程度授業で扱ったからといって，上記の力が身につくわけではない。低学年から系統性を意識して丁寧に積み重ねていく必要がある。私たちは関わり合いのなかで，意識せずともコミュニケーションを欠かさずに行っている。しかし「話すこと・聞くこと」の学習活動では，文学や物語教材よりも指導の型が見えにくいため，難しさを感じている教員も少なくない。そこで，話し合い活動に必要であろう指導技術について述べていきたい。

技術**1** ズレから対話を生む

　互いにコミュニケーションをとるのは，友達の話を聞きたいという思いや，友達に話したいと思うからではないか。同じカレーライスが好きであっても，なぜそれが好きなのかという理由については，それぞれの考え方があり，違ってくる。多様な考え方から対話が生まれ，話し合い活動が活性化する。活性化するためには，スモールステップでどのようなテーマ設定で話し合い活動に取り組んでいくかが重要になる。最初の段階では，質問に対する幅が広いテーマは避け，「AとBならば，どちらが好きですか」のように，選択肢を設ける。どちらかを選ぶことが目的になるのではなく，あくまでも，その後の選んだ理由を問うことを念頭に置くことが成功のカギとなる。

070

技術② 話し合いの風土を育てる

「よい聞き手」「よい話し手」を育てるための土台となる技術である。「聞き手」では，年度初めから「わかる，わかる」「なるほど」など，自然とよいリアクションをしている子供に対して価値づけを行い，お手本となる反応をつくりあげていく。その授業内でよい反応があれば，黒板に記録しておいてもよい。「話し手」の話し方については，低学年では型を示しながら繰り返し指導する。学年が上がっていくにつれて，ある程度型は大切にしつつも，自分の考えに自信をもって伝えられることに重きを置いて指導していく。話し合いの風土を育てていくことは，安心できる空間づくりにもつながり，学級経営面においてもプラスに働いていくであろう。焦らずに根気強く取り組んでいきたい。

技術③ 発言量を増やすためのしかけをする

ペアトークやグループトークを取り入れた授業は一般化され，多くの教師が一度は取り組んだことがあるだろう。しかし，一般化されているからこそ，ペア・グループトークをしている姿が目的になってはいないだろうか。話し合い活動を充実させたいと思っていても，子供一人一人の発言量が少なければ，ただの理想で終わってしまう。発言量を増やすしかけとして，指示の明確化がある。個で考える時間で何を考えればよいかわからない状態をつくらないための工夫である。ペア活動における発言量を増やすためのしかけとしては，短い時間で端的に行うための枠づくりである。ペアトークを始めるときは，素早く身体の向きを変えたり，どちらが先に自分の意見を言うのか事前に決めておいたりするなど，小さなことであるが，ルールを明確にしておくことが重要である。短い時間で端的に伝えることを意識させることで，その時間に集中して話をする姿勢が身につく。発言量を増やして，活気ある話し合い活動を実現していきたい。

第3章 「話すこと・聞くこと」の授業技術　071

授業技術の活用場面（小学5年）

○単元名：役わりを考えて話し合おう（本時：1/6時）

○教材名：「きいて，きいて，きいてみよう」（光村）

○本時のねらい：目的を意識し，「聞き手」「話し手」「記録者」の立場から
　話し合い活動について考える。

学習活動	留意点等
1　単元の見通しをもつ。	
2　「聞き手」や「話し手」の立場に立ったときに，どちらの事例の聞き方や話し方がよいか考える。 ・言葉のキャッチボールがスムーズに行われている事例 ・一方的に質問をしたり，質問を受けても会話が広がらない事例	・言葉のキャッチボールがスムーズに行われている事例と，一方的に質問をしたり，質問を受けても会話が広がらなかったりする事例を紹介して，比較させる。
3　3人のグループで，役割を交代しながらインタビューをし合うためのメモを作成する。 ・いきなり質問してもよいか ・質問する内容はどんなものがよいか ・相手が答えやすくするために	・インタビューを通じて，聞くことの様々な側面について考えられるようにする。 ・対話にズレを生む話題や，相手から引き出せそうな話題など，「話し手」を意識した構成になるように確認する。
4　友達から引き出せそうな話題になっているのかペアやグループになり，検討する。	・考えた話題について，再考できるようにする。
5　本時の授業を振り返る。	

授業技術活用のポイント

この1時間では，学習の見通しをもてるようにすることと，「聞き手」「話し手」「記録者」の立場からよりよい聞き方や話し方について理解できることを目的としている。特にこの場面では，「技術1　ズレから対話を生む」は，非常に有効である。言葉のキャッチボールがスムーズに行われている事例と，一方的に質問したり，質問を受けても会話が広がらない事例を比較することで，聞き合うために大切なポイントを確認できる。また，「話し手」は「聞き手」が知りたいことを考えて質問内容を考えるときにも，この授業技術を使うことができる。なぜなら，ズレが生まれない内容や話し手が答えにくい質問になることを防ぐための方略とすることができるからである。

インタビュー内容を考えるときは，すぐに文章を書き始めてしまうと活動のハードルが高くなる傾向にあるので，ウェビングマップなどの思考ツールや，PCの文章作成機能を使ったりすることを推奨したい。この学習はインタビューを通じて「きく」ことの様々な側面について考えることが大切となる。意図が伝わるように質問をしたり，聞いた質問を理解しそれに答えたりする練習を繰り返すことで，「技術2　話し合いの風土を育てる」ことにつながる。学習を終えたときに今まで友達のことを知っていると思っていたが，新しい発見や気づきを自覚することで，質問し合うことのよさを実感できる時間になることを願って授業に取り組みたい。

授業技術アップのヒント

「話すこと・聞くこと」は，トライ＆エラーを繰り返しながら取り組んでいくものである。主体的で対話的な深い学びを実現していくためには，学びの系統を意識しながら授業づくりを行うことや，形式の指導に力を入れ過ぎるのではなく，子供たちが話し合い活動のよさを実感できるようにすることが大切である。一緒に学び合う仲間とのつながりを意識することが，授業技術アップにつながるだろう。

8．振り返りのための技術

技術1　最適な学習材を選択する
技術2　部分へと焦点化する
技術3　課題がある場面もあえて取りあげる

　従来の「話すこと・聞くこと」の振り返りにおいては，感想のみを記述したり何らかの観点に沿って三段階で自己評価をしたりすることが多く，振り返る対象となる自らの言語活動を分析することは少なかった。要因はいくつかあるだろうが，その一つには「話すこと・聞くこと」の学習における振り返りが，単元の学びの補助的な位置に留まっていたという点が挙げられる。

　「話すこと・聞くこと」の学習は，話す・聞く・話し合う活動を行った時点から本格的に開始する。すなわち，自らの言語活動を対象化し，そこから次の活動に生かせる内容を見つけたり，課題を克服するための視点を検討したりすることこそが「話すこと・聞くこと」の学習の主眼となるのである。

　しかし，音声言語には即時的に消えてしまうという特性が備わっていたり，コミュニケーションには非言語的な要素も関わっていたりするために，「話すこと・聞くこと」の評価は教師にとっても容易ではない。そこで，次の3点から振り返り活動に重点を置いた授業を構想してみてはどうだろうか。

技術1　最適な学習材を選択する

　ここでの「学習材」は，教科書に限らない。話し合い活動を例にすると，子供の話し合いが記録されている動画も話し合いにおける振る舞いのための学習材となる。また，IC レコーダーやタブレット端末のレコーディングのアプリを活用すれば音声の記録を学習材化することができる。さらに，話し合いを文字起こしすれば，より具体的な発言に着目した分析が可能となる。

学習材の選択という点では，動画・音声・文字といったメディアの違いに加えて，誰の，あるいはどのグループの事例をピックアップするのかも重要である。実際の活動を見ながら（聴きながら），学習内容が含まれる場面や学習の契機となるような瞬間を捉え，学習材化することも技術となろう。

技術２　部分へと焦点化する

　学習材を提示したとしても，ただ視聴させたり読ませたりするだけでは，学習内容へと接近することは難しい。最初は全体を俯瞰的に見て評価することも重要だが，ある時点からは部分へと焦点化することが求められる。

　プレゼンテーションを動画で振り返る際は，「聞き手が○○という感想を述べていたのは，どんなコツがあったからか？」と問いかけ，分析を促すことが考えられる。また，話し合いの文字化資料の分析過程において，「この話し合いを改善するためには，○○の次にどのような発言があるとよいか？」と教師が「ひとこと」に焦点化して切り返すことも有効であろう。

技術３　課題がある場面もあえて取りあげる

　学習の初期段階においては，モデルとなるような学習材を選定し，プレゼンテーションや話し合いのコツを見つける方が，子供たちがそれぞれの方法知のイメージをもつことにつながりやすい。しかし，ある程度学習が進んだ段階においては，あえて課題がある場面を取りあげ，改善案を検討させたい。

　特に，先述したような子供の話す・話し合う活動の記録の学習材化には，「当事者」のリアルな思考過程を尋ねることができるという利点がある。具体的には，「うまくいっているように見える話し合いだけど，実はこのとき○○と言おうか迷ったまま言えなかった」といったような，参加者の葛藤を授業で扱うことができるのである。当事者の声を起点とした学習は，方法知とそれが活用できる場面とが自然に関連づけられるため，スキルを表層的に提示する指導からの脱却につながると考えられる。

第3章　「話すこと・聞くこと」の授業技術　075

授業技術の活用場面（小学2年）

○単元名：ペア・トークで話をつなげよう（本時：3/4時）

○教材名：「そうだんにのってください」（光村）

○本時のねらい：ペア・トークにおいて話を展開するための「話し合いのコツ」に気づくことができる。

学習活動	留意点等
1　本時のめあてを確認する。 　話し合いがつづく「コツ」を見つけよう。 2　前時で発見した「話し合いのコツ」を確かめる。 ・「アイデア」を提案する。「おたずね」（理由を質問したり発言内容を確認したりする），「はんのう」（あいづちなどのリアクション）の3つを提示し，特にどれを使ってみたいかを考える。 3　ペア・トークをする。 ・4人グループを作り，最初のペアが話し合う間，もう一方にはその様子を観察させる。 ・話題は「昼休みの学級での遊び」など	・トークから「コツ」を発見している状態である。 ・学級で共有した「コツ」は適宜掲示するが，発言はあくまで例（「なんで」だけでなく「どうして」を使ってもよい）であることを強調しておく。 ・それぞれの端末に動画で記録させてもよい。 ・話題は実態に応じて，発言しやすいものを選ぶ。
4　ペア・トークを振り返る。 ・教師が観察しているなかで取りあげたいペアの発言を，即時的に一行ずつ板書することで文字化する。 ・「次はどんな発言があったと思う？」や，「ここでなんて言えばよかったかな？」等と問いかけ，既習の「コツ」の適用や新しい「コツ」の発見を促す。	・ペア・トークを実施している間に，教師は教室全体を観察し，「うまくいった」ペアや「うまくいかなかった」ペアの発言をメモしておく。
5　本時のまとめをする。	・必要に応じて，端末で記録した動画等により後からの評価もできる。

授業技術活用のポイント

　本稿で示した授業技術は中学年や高学年，更には中学校段階においても基本的に共通している。ここでは「技術1」について補足したい。

　教師が「映像」「音声」「文字」のいずれのメディアを選択するのかは，獲得させたい学習内容の設定と関連している。例えば，話し合いのプロセスにおける各人の考えの論理的なつながりを検討したいときには，発言が可視化されている文字起こし（文字化資料）を選択することが望ましい。実際に紙に印刷し配付すれば直接書き込むことができ，電子黒板に投影すれば学級全体で具体的な発言を共有することも容易になる。また，スピーチで話すスピードや間合いに着目させたいときには，視覚情報が削ぎ落とされている音声記録を活用することが考えられる。映像の場合は，視線や表情，身振り・手振りといった非言語的な情報にも目がいってしまう一方，音声記録であれば「音」に集中することができる。最後に，話し合いの雰囲気や参加者の様子を表情なども含めて分析したい場合には映像を活用するとよいだろう。

　なお，文字化資料の準備にかかる負担に対しては，即時的な板書の他，子供による文字起こし（アナログ／デジタル）を活用する方法などが考えられてきた。また，音声認識の精度は日々向上しているため，今後は自動で文字起こしができる ICT の活用も視野に入れたい。

授業技術アップのヒント

　子供の話し合い活動を録音し，文字起こしする活動を教師自身がやってみると思った以上に発見がある。「普段はあまり発表しない〇〇さんがグループでは的確に意見を述べている」や，「グループで出された結論は悪くないが，そこに至るプロセスでは全く発言していない子供がいる」など，録音し文字にして振り返るからこその気づきは授業構想の何よりもの起点となる。学習指導案に記載する子供の「実態」に関する記述も，こうした現状の分析から始めてみてはどうだろうか。

第3章　「話すこと・聞くこと」の授業技術

9．楽しんで話す・話し合うための技術

技術**1**　価値を創造する力を引き出す「話題」を設定する
技術**2**　身近な「話題」を用いるときには「話し方・話し合い方」に意識が向くようにする
技術**3**　自分自身の話す・話し合う力の伸びを感じられる振り返りを行う

　話す・話し合う活動は本質的には「楽しい」ものである。なぜなら，話す・話し合うなかで新たな発見が生まれたり，思いもよらないアイデアが作り出されたり，自分が気づいていない自分自身に気づいたりすることができるからである。では，なぜそのような楽しいものであるにもかかわらず，授業となると楽しそうな様子が見られないことがあるのか。それは授業で行う活動が，子供自身が話したい・話し合いたいものではなく，授業の場として強制的に参加させられているものだからである。だとすると，私たち教師にできることは何か。それは，「話題設定の工夫」と，「やってよかった」という学びの実感を得られるように促すことではないだろうか。

技術**1**　価値を創造する力を引き出す「話題」を設定する

　OECD Education 2030でも示されたように，これからの教育において「新たな価値を創造する力」は大切なキーワードである。国語科においても，言葉を用いて新たな価値を作り出す力を育んでいくことは重要な観点である。よって，話す・話し合う活動においても積極的に価値を創造する力を伸ばすことができる学習活動を設定していきたい。稿者は「価値を創造する考え方」を「0→1」「1→1´」「－→＋」の3点でまとめている。これらを生かした話題を設定することで楽しんで話す・話し合うことのできる話題が設定できる。例えば，「0→1」では「20XX年，理想の学校ができるとしたらどのような教室にしたらよい？」，「1→1´」では「中学生に大ヒット

する筆箱の新たな機能とは？」，「−→＋」では「使われなくなった○○教室をどう生かしたら，みんながハッピーになる？」などである。このような例を見て，「空想・妄想になるのではないか？」と思われる方もいるかもしれないが，新たな価値は空想・妄想から生まれることも多い。またこのような活動は多くの子供にとって楽しいものになりうる。空想・妄想であるからこそ，理由を明確にする必要性等「話し方」への意識を強めやすい面もある。ぜひ積極的にこのような話題を用いて楽しい話す・話し合う活動にしていきたい。

技術② 身近な「話題」を用いるときには「話し方・話し合い方」に意識が向くようにする

　子供たちにとってリアルな話す・話し合いの場にしたいと考えて身近な話題を設定することがある。例えば，「次のお楽しみ会で行いたいものは何か」や「学級での問題を話し合おう」といったものである。これらの話題は子供たちにとって見過ごすことができない内容となるため感情が強く出ることが多い。それにより，話す・話し合う方法よりも「結論」へと意識が向き，学習内容を保障できない上に，楽しさが残らない授業になることは多い。よって，そのような話題を用いる場合でも，活動をする前に「今回，生かしたい話し方・話し合い方」を明確にさせておくなどの手立てを行うことで「話し方・話し合い方」に意識が向く学習活動にしていくことが重要である。

技術③ 自分自身の話す・話し合う力の伸びを感じられる振り返りを行う

　子供に楽しんで話す・話し合うことができたと思ってもらうためには，自分自身の力が伸びたという実感も重要である。よって，そのようなことを感じられる振り返り活動を行いたい。具体的には，単元の導入時・中間・単元末で同じ観点で振り返りを行うことで，自分の「話し方・話し合い方」に対する技能と認識の深まりを感じられるようにすると効果的である。いくら楽しくとも「活動あって学びなし」に陥らない配慮が重要である。

第3章　「話すこと・聞くこと」の授業技術　079

授業技術の活用場面（中学２年）

○単元名：共創的対話力をアップさせよう！（本時：3/5時）

○教材名：「説得力のある提案をする」（教出）

○本時のねらい：どのような話し合いを行えば，新たな価値を作り出す対話
　が行えるか考え，理想の話し合い像をもつことができる。

学習活動	留意点等
1　本時のめあてを確認する。 話し合いの振り返りを踏まえて，話し合いの台本を作り，「やらせ」の話し合いをしよう。 2　前時の学習で見つけた「話し合いの流れ」と「話し合いのコツ」を振り返る。 例：〔流れ〕意見を出す→比較分析（選択・融合） 　　　　→まとめる→ブラッシュアップ 　　〔コツ〕質問・確認・代案・言い換え・反論	・あえて「やらせ」という言葉を用いることで，理想とする話し合いを自然体で行うイメージをもたせる。 ・黒板に提示しておくことで子供の３以降の学習を支援する。 ・前時の内容はあくまで「例」であり，話し合うグループで改善してよいことを伝える。
3　理想の話し合いの台本を作る。 ・テーマは「20XX年，中学生に大ヒットする文房具商品のアイデアを創り出せ！」とする。 ・15分間の時間の使い方を考え，ワークシートに流れと大まかな話す内容をまとめる。 4　実際に話し合いを行う。 ・ICT機器を使って録音させるようにする。 　（オンラインボイスレコーダー等） 5　前時と比較してできたことや，台本作りを通して感じた，共創的対話を実現するために重要だと思うことについて振り返る。	・必ずどこかで対立が起きるようにするよう助言し，それをどのように乗り越えて話し合いを高めるのか考えさせたい。 ・次時では，他のグループのよいところ探しを行うことを予告しておく。 ・ワークシートは単元を通して同じものを用い，成長を実感させたい。

授業技術活用のポイント

　この授業は，「共創的対話」をテーマに，アイデアを出し合い，それらを取捨選択したりブラッシュアップしたりしながらまとめていく話し合い方について単元を通して学ぶことを主眼としている。具体的には「試しの話し合い」→振り返り→「やらせの話し合い」→振り返り・他者の分析→「まとめの話し合い」・振り返りと展開していくことで，自分自身の話し合う力を伸ばすことはもちろん，理想の話し合い像を豊かにすることも意図している。

　本時では，話し合いのテーマを「20ＸＸ年，中学生に大ヒットする文房具商品のアイデアを創り出せ！」とした。価値を創造するという観点で言えば，例えば鉛筆で言うと，新たな機能を付ける「0→1」，鉛筆の芯を改良する「1→1´」，削らないといけないという手間を意味ある行為に変える「−→＋」といった要素が含まれている。実際に企業等で商品開発を行う話し合いとしても想像しやすく，子供たちにとってこのような話し合いができるようになることは重要であると実感しやすいものだと言えるだろう。また，身近な「文房具」を話題とすることで全ての子供たちが参画でき，楽しく話し合いに取り組むことができる。

　なお，本時では話し合いの大まかな流れを事前に設定する「やらせの話し合い」という学習活動にしている。これは，あえてこのような場を設定して自分自身の理想とする話し合い像を明確にさせることで，単元末に行う「まとめの話し合い」と比較しながら自分の話し合う力の伸びや今後の課題について明確にできるようにするしかけとなっている。

授業技術アップのヒント

　話し合いのテーマを発表するときには，子供たちがワクワクするような演出をし（例：少しずつ提示する，重要な箇所だけ隠しておく），話し合いに前向きに取り組もうとする意欲を引き出したい。グループの話し合いはICT機器を生かして記録させ，後で振り返りや分析ができるようにしておくとよい。

10. 聞く力を育てる技術

技術1　目的意識のある活動を日常化する
技術2　表現を伴う聞く活動を行う
技術3　聞く活動を「訊く力」へとつなげる

　一般的に「聞く力」と言われると，「相手の目を見て話を聞く」「正しい姿勢で話を聞く」「話している内容をうなずきながら聞く」という態度面と「聞いたことを復唱できる」「聞いたことについて質問ができる」「聞いたことに対する自分の考えを述べることができる」といった内容面の2点に分けられるだろう。

　聞く姿勢や態度面は，周りから見ても評価がしやすく，「しっかり相手を見ながら聞けているね」「反応をしながら聞いてくれると話す方も話しやすいね」と言葉がけがしやすい。一方，内容面は，相手から聞いた内容を一度，自分のなかに落とし込み，それを表現する活動が伴うため，「本当に話を聞けていたのかな？」「全然，聞いていなかった？」と表現が苦手な子供の聞く力を適切に評価するのが難しい場面も多いのではないだろうか。

　今回は，このような難しさを抱える内容面における「聞く力」をしっかりと身につけさせるための指導技術の勘所を探る。

技術1　目的意識のある活動を日常化する

　子供たちは，ただ「聞きなさい」と指示を出しても聞けるようにはならない。何のために聞くのかという目的が明確になったときに，主体的に聞こうという姿勢が生まれるのだ。そして，話の内容を聞き逃してしまうと次の活動に進むことができない場合，より集中して聞く姿が見られる傾向がある。例えば，学期に一度行われるCDを聞いた後に問題に答える国語科の「話す

こと・聞くこと」のワークテストはその典型だろう。つまり，聞くための目的意識を明確にした上で，活動を行うことが重要になる。このような活動を非日常的にではなく，日常的に行うことが必要になってくる。

技術２　表現を伴う聞く活動を行う

　聞く力は，ただ聞くだけで終わっていては，なかなか伸ばすことはできない。子供たちがどの程度，内容を聞き取ることができたのかを確かめる必要がある。例えば，聞く活動の後に復唱させたり，その内容について考えを表現させたりすることが挙げられる。このような活動は，「聞く」ことの必然性にもつながる。つまり，「聞く＋表現」の形で学習活動を設定することで，その質を高めることができる。

　しかし，先述したように「表現」を伴うと苦手意識をもっている子供たちにとっては，少々ハードルが高くなってしまう。そのハードルを越えていくためにも，指導の工夫が必要になる。そして，「聞く＋表現」という活動への慣れも大切である。例えば，朝の会での担任の短い話をペア活動で復唱させたり，授業中の友達の発言を復唱させたりすることは毎日行うことができ，慣れへとつながる活動である。

技術３　聞く活動を「訊く力」へとつなげる

　「きく」力は３つの段階で構成されていると考えている。まずは，相手の声に耳を傾けて「聞く」。そして，その発言の意図にまでイメージを膨らませながら「聴く」。最後は，相手の発言に対して興味のあることを「訊く」である。

　言うまでもなく，これら３つの「きく」はつながりをもっている。つまり，最後の「訊く力」を意識することで「聞く」と「聴く」の力も引き出され，「きく力」を総合的に育てることができる。まずは，相手の話している内容に興味を抱かせ，尋ねる方法も具体的に学ばせることで，子供たちの「きく力」は育まれていく。低学年のうちから指導したい力である。

第３章　「話すこと・聞くこと」の授業技術　083

授業技術の活用場面（全学年で実施可）

○日常活動：明日の連絡を聞いてペアトークをしよう

○本活動のねらい：翌日の連絡事項を聞く（メモ）活動と相手に尋ね訊く活動を通して，聴写する力と尋ね訊く力を育てる。

学習活動	留意点等
1　明日の連絡事項を聴写でメモする。 ・時間割は，1時間目国語，2時間目…。 ・連絡事項は，…。 ・宿題は，…。	・言葉を省略したり，記号を使ったり等のメモの取り方は，別で指導を行う。
2　聴写メモをペアで確認する。 ・まず読み合う。 ・気づいた点を指摘し合う。 ・書けていなかったこと，間違っていたことを訂正する。	・ペアで聞き取った内容に間違いがないか確認させる。 ・聴写の活動に遅れが生じている子供もここで調整できるようにする。
3　明日の1日で楽しみなことを短文で書く。 ・国語の授業で話し合うのが楽しみです。 ・給食のメニューが楽しみです。 ・休み時間の学級遊びが楽しみです。 4　ペアで楽しみなことを紹介する。 5　互いの内容についてもっと知りたいことを訊き，相手の質問に答える。 ・話し合いのどんな部分が楽しみなのですか。 ・一番楽しみな給食メニューは何ですか。 ・休み時間は何をして遊ぶ予定なのですか。	・あまり時間をかけずに短文で書かせる。あくまでも次のトークタイムの足掛かりとなる文章のため，簡単な文（単語）でよい。 ・相手の紹介した内容をよく聴き，その内容をより詳しく知るための質問をする。 ・訊く活動は繰り返し行ってもよい。

授業技術活用のポイント

「翌日の予定」は，よく視写（黒板に書かれたものを書き写す）を通して伝えられることが多いが，あえて聴写で行うことをおすすめする。授業中，視写を行う機会は多いが，聴写の場面は意外と少ない。そのため，毎日行うことのできる「翌日の予定」を聴写で行い，聞くことの日常化を図る。

そして，聴写の活動の後には，ペアで行う表現活動を設定している。簡単な確認で構わないので，苦手な子でも一度，活動の遅れを調整できるタイミングを入れることも大切な指導技術の一つである。

次の表現活動では，自分が楽しみなことを短文でメモする。これは，話す際に一言一句同じように話すのではなく，メモ（単語等）を使いながら話す練習にもなる。短時間で自分の伝えたいことの飛び石を確認する場である。

メモが準備できたら，訊く活動を始める。相手の話したことに沿って，その内容に合わせた質問をしなければならない。ここに相手の話を聴く必然性が生まれる。活動に慣れてくれば，この「訊く活動」を時間内に繰り返し行うこともできる。

これら一連の活動は，毎日行うには時間的に難しいかもしれない。その場合は，連絡事項の聴写だけでも毎日続けることである。そして，ぜひ時間的余裕のある日には，「訊く活動」まで含めた表現活動に取り組んでほしい。また，このパッケージを応用することで，「翌日の予定」以外にも各授業において活動を設定することができる。

授業技術アップのヒント

子供たちが活動への流れを理解し慣れてくると，「教師→子供」の活動から「子供→子供」でも行うことができるようになる。聴写は，話し手にもスキルが必要になる。相手に聞き取ってもらえるスピード，音量，発音に気をつける必要がある。聞く力だけでなく話す力までも視野に入れて活動をするように指導を行えば，子供たちの力は大きく伸びるだろう。

第3章 「話すこと・聞くこと」の授業技術　085

| 第4章 | 「書くこと」の授業技術 |

1. 課題把握・題材設定・見通しをもつための技術

> 技術1 自分の考えをもちやすくする課題提示をする
> 技術2 モデル文の分析と応用で鍛える
> 技術3 相談できる場の設定をする

　いざ書くとなったとき，どのような題材を設定し，どんな流れで書けばよいか，見通しがもてないという子供は少なくない。特に，高学年教材として扱う意見文や提案文の学習に関しては，より抵抗感をもってしまう子供が多い。子供たちが課題を的確に把握し，自ら題材を設定し，見通しをもって書けるようにするためには，教材との出合わせ方を考慮する必要がある。「教材との出合い」を演出し，子供が「書きたい！」と思えるように場を整えていくことが，書く意欲を引き出す上で，非常に重要なカギを握っている。ここでは意見文に関する指導を基に，その授業技術の具体に迫っていきたい。

技術1 自分の考えをもちやすくする課題提示をする

　教材や課題を提示する際には，子供が自分の考えをもちやすくなることを第一に心がけたい。自分ならどう考えるか，思うか，感じるか，それぞれが率直な意見をもてるように場を整えたい。その際，効果的なのが，賛成や反対，共感や納得といった子供の情意面に訴えかけるような課題提示である。「教科書にこんな教材があります。どんなことを書きたいか考えてみよう」と投げかけても，子供の「書きたい！」という意欲を引き出すことはできない。「Aの文章とBの文章，どちらに納得する？」などと投げかけ，子供からの反応を基にイメージを膨らませ，自分が書きたいと思う文章のイメージをつくれるようにすれば，確実に子供の興味・関心を引き出し，文章を書くための動機づけを図ることができるだろう。

086

技術❷　モデル文の分析と応用で鍛える

　「Aの文章とBの文章，どちらに納得する？」と投げかければ，子供たちからは様々な反応が返ってくるだろう。その一つ一つを受け止めながら，それぞれの文章の特徴が何なのか，よいところや真似したいところがどこなのかを分析することで，説得力のある文章を書くための方法を導き出せるようにしたい。また，どちらの考えに納得するかについて考えさせるだけでなく，「書き方」という点において，どちらの文章にも共通するよいところがどこかを考えられるようにもしたい。どちらの文章にも共通するよさを把握し，技として認識できるようにすることで，子供がどのような書き方をすればよいかを把握することができるだろう。

技術❸　相談できる場の設定をする

　題材を決めたり，構成を考えたり，下書きをしたりする際には，相談しながら進められるような場を用意する必要がある。「書く」という作業や「考える」という行為は，決して「個人」のなかに留めておくべきものではない。気軽に相談し，話し合う機会を設定することによって，「書く」や「考える」という行為に拍車をかけることができる。話し合うことによってアイデアが浮かんだり，アドバイスがもらえたりするという利点もあるが，自分が考えていることや感じていることをアウトプットすることで，思考が整理されていくという利点もある。

　しかし，注意しなければならないのは，メリハリである。相談の場として「話し合う」時間と，個人作業として「書く」時間は，明確に立て分ける必要がある。そこでの線引きが曖昧になると，緊張感がなくなり，間延びした雰囲気が蔓延してしまう。相談の場を設定するにあたっては，離席して自由に交流してよいことや交流の目的をはっきりと伝えつつ，制限時間を設定し，実りある意見交流の場をつくれるようにしたい。

第4章　「書くこと」の授業技術　087

授業技術の活用場面（小学5年）

○単元名：読み手が納得する意見文を書こう（本時：1/6時）

○教材名：「あなたは，どう考える」（光村）

○本時のねらい：二つのモデル文を読み比べることで，本単元における課題を把握すると同時に，説得力のある意見文の書き方について考える。

学習活動	留意点等
1　本時のめあてを確認する。 　二つの意見文を読み比べて考えよう。	二つの意見文を
2　AとB，どちらに納得するかを考える。 ⇒どちらに納得するかを考え理由をノートに書く。 ⇒考えを交流する。（ペア→全体） 3　AとBの両方に共通するよさを考える。 ⇒どちらの文章に納得するかを考えた後で，どちらの文章も説得力があることを認めつつ，共通する「よさ」を見つけさせる。 ⇒意見文を書く際に気をつけるべきポイントがどこかがわかるように，意見を集約する。	・例文は，教科書の例文とモデル文を用いる。 ・書かれていることを基にして理由を考える。 ・どちらの意見文も説得力があり，どちらを選んでもよいことを確認した上で，共通するよさが何かを見つけられるように交流を促す。
4　説得力ある意見文を書くための方法を考える。 ⇒二つの意見文に共通する「よさ」を基に，どのような書き方をすればよいかを把握できるようにする。 ⇒どのような「よさ」があるか，自由に交流したり相談したりする時間を設ける。 5　振り返りをし，今後の見通しをもつ。 ⇒単元を通して自分の選択した話題で意見文を書くことを理解できるようにする。	・はじめ／中／終わりの文章構成や双括型による主張の提示，根拠と理由づけ，予想される反論とそれに対する考えなど，具体的な方法を得られるようにする。 ・得られた方法を用いながら自分が設定した話題で書くことを確認する。

授業技術活用のポイント

　先にも述べたように，最初から「こんな活動に取り組みます」「こういう課題で文章を書くよ」と伝えても，子供のモチベーションは上がらない。まずは子供の情意面に訴えかけ，興味や関心を引き出すような課題提示ができるように心がけたい。「好き／嫌い」「共感する／しない」「納得できる／できない」といった問いかけは，書くことが苦手な子供であっても考えをもちやすい。また，その理由を考え，交流していくなかで，自然と「書き方」に焦点が当たる。何より大切なのは，こうした自然な文脈のなかで子供が考えられるように場を耕していくことである。「必然性」こそが，学びの勢いを引き出すためのポイントである。

　また，提示した文章（モデル文）を分析するなかで，よりよい意見文を書くための方法を見出し，それを「使ってみたい！」と思えるようにすることも重要だろう。子供の実態によっては，分析するなかで得た方法を用いながら学級全体で話題を決め，構成を考えたり，作文したりするのもよいだろう。課題を把握した上で，学級全体で文章を考える取り組みをすることのよさは，どんな流れで書けばよいのか，どのように方法を用いればよいのかがわかるという点である。子供の様子を見ながらそうした手立てを講じていくのも一つの手である。

授業技術アップのヒント

　何よりも「子供の気持ち」を考えながら指導に臨むことが重要である。書くことが苦手な子供にとって，文章を書く活動を行うというのは，非常に苦しいものであるということを理解した上で，単元の構成を考え，授業を行おうとする心構えをもつことが肝心である。また，子供が自然と書きたいと思えるようにするためにはどうすればよいかを考えるにあたっては，こちらが「書かせたい」と思っているものを，子供が「書きたい」と思えるようにするための方法を考え，場を整えていくことが重要である。

2. 情報の収集のための技術

技術1　「根拠（事実）」と「理由（意見）」を区別して考える
技術2　ICT機器を活用して，協働的に情報収集・選材を行う
技術3　先輩の文例を参考にして，「よい文章」を検討する

　文種にもよるが，題材が決定し「書きたい」という思いを得ることができた子供にとっては，素朴ではあっても，自らの生活経験や既有知識に基づいた文章の完成形がある程度はイメージ出来ていると考えられる。そこで，記述に向かうにあたり，情報収集の必要性を感じることはないかもしれない。

　しかし，子供に「よりよい文章を書きたい」と意識させられたならば，現在の既有知識のみで記述してよいのかと，子供の考えを揺さぶり，情報収集の必要性の実感を基にした，自身の考えの再検討を促すことができるのではないか。同じ言葉を用いた表現行為であっても，即興性の高い「話すこと」ではなく，推敲などまでも含めて計画的に完成を目指す「書くこと」においては，とりわけこの綿密な情報収集の必要性と有効性を実感させたい。

技術1　「根拠（事実）」と「理由（意見）」を区別して考える

　書くことにおいて情報収集が必要なのは，「自分の思い（主張）を読み手に正確に伝えたい」という願いを実現するためであると捉えたい。そして，その「思い（主張）」をどうしたら「正確に」伝えられるのかは，「主張」を支える「根拠」と「理由づけ」を明らかにすることが大切である。

　論理的な思考の基礎となる考え方である「三角ロジック」は「主張」「根拠」「理由づけ」の3つの要素で構成される。ある立場について論じるにあたっては，書き手は自らの経験や信念に基づいて主張を形成するが，その妥当性や正当性を，他者に伝わるように筋道を立てて説明しようとするときには

その主張の裏づけとなる「根拠（事実）」と，その事実がどう主張を裏づけるのかという「理由づけ（自分なりの考え・解釈）」をセットにして表現することが有効である。このうち情報収集で獲得したいのは「根拠（事実）」である。授業における調べ学習では，単純に本やインターネットから発見できる事例を見つけるだけでなく，子供に「どんな事実が，自らの主張を支える根拠となりえるか」という見方・考え方を働かせることを意識させたい。

技術❷　ICT機器を活用して，協働的に情報収集・選材を行う

　調べ学習に取り組んだとしても，子供が最初に獲得した情報が，最適な情報だとは限らない。また，情報の正確さを確かめるためには，複数の出典を確認することも必要であろう。つまり情報収集の質を高めるためには，複数の情報から自分に有益だと感じられる情報を選別することが有効である。

　ただし，一人で多様な角度から様々な情報を獲得することは難しい。そこで，情報収集を行った段階で，ICT機器を活用して，オクリンクなどを用いて，学級全体で「自らの主張」に対する「根拠（事実）」を共有する。そのなかから，自らの主張に取り入れたい情報があれば，借用してもよいし，主張に対する根拠の理由づけをより詳しく尋ねてもよい。自分以外の他者の多様な見方・考え方に触れ，ときに考えを打ち合う主体的な交流によって，情報収集や選材の質を高めさせることが可能となる。

技術❸　先輩の文例を参考にして，「よい文章」を検討する

　情報収集の前の段階として，地域の子供文集やインターネットで探してきた例文について「よい文章」であるかを批判的に検討させることも，質の高い情報収集の必要性を実感させる上では，有効である。例文を子供たちに探させたり検索させたりしてもよい。教科書の例文は，ともすると子供たちにとって「正解」として認識されやすいが，先輩や同年代の先行事例は，身近である分，思いに寄り添いながらも批判的に検討しやすい面もある。

第4章　「書くこと」の授業技術　091

授業技術の活用場面（小学6年）

○単元名：よい意見文を書く方法を考えよう（本時：3・4/6時）

○教材名：「十二歳の主張」（教出）

○本時のねらい：自分が書いた文章と比較する文章とを批判的に検討し，自
　分の意見文をよりよくするための具体的な方法に気づくことができる。

学習活動	留意点等
1　本時のめあてを確認する。 　「私たちの○○小学校の素晴らしいところを 　しょうかいする文章を書こう。 2　文章の構成を確認する。 ・「はじめ」「終わり」を双括型で書くことで，文章 　の主張を強めるようにする。 ・「中」の説得力を高めるよう，説得力のある事例 　を選択する。	・下級生に，母校の魅力を引 　き継ぐ文章を書く，という 　目的を確かめる。 ・よい意見文を書くために， 　記述の方法を確かめ，よい 　事例の収集が必要であるこ 　とを意識させる。
3　「中」の魅力について，話し合い，自分にとっ 　ての最適な事例を選択する。 ・「中」の段落の「根拠」である「○○小学校の素 　晴らしいところ」を自分なりに考え，オクリンク 　で共有する。 ・教師が生成AIに作成させた「○○小学校の素晴 　らしいところ」の事例を確認する。 →生成AIが書き出した情報に間違いはないか，な 　ど妥当性を批判的に検討する。 ・生成AIが文章作成する様子を動画でも示し，イ 　メージをもちやすくする。	・「よい情報の収集」の方法 　を考えさせ，安易に調べる 　だけではなく，他者にイン 　タビューしたり教えてもら 　う方法があることも確認す 　る。 ・生成AIの文章作成の様子 　を動画で示し，イメージを 　もちやすくする。 ・他者にインタビューしたり 　教えてもらう方法があるこ 　とも確認したい。
4　自分の文章に取り入れたい事例を選択させ，ド 　キュメントで文章を入力する。 5　自分の書いた文章を評価する。	・複数の情報から最適解を選 　択させる。 ※手書きも可とする。

授業技術活用のポイント

　この単元自体は，「よい意見文」を作成することを目指すなかで，中学校進学以降に自分たちが生きていく情報社会のなかで，生成 AI の有効性と限界を，学習を通して認識し，生成 AI を正しく利活用できる情報リテラシーを身につけることを目指す内容となっている。本時では，「よい意見文」に必要な要素を確認しつつ，「自分が通うこの〇〇小学校の魅力を下級生に伝えたい」という主張を，どのような事例を用いて述べることで説得力が高まるかを考え，実際にそれを選択させることを目指した。

　本単元で取り組む意見文のテーマ自体は，子供一人一人の経験に基づく記述が可能であり，特段の取材・集材が必要ないとも考えられる。そのため，単元名にもあえて「意見文」だけではなく「よい意見文」を掲げ，最高学年として下級生に伝え残してあげたい，という相手意識を設定した。そして，「よい意見文」に必要なのが「よい事例」であることを意識させる。

　「よい事例」のためには，複数のなかからの比較検討を通して，自らの判断で選び取ることが必要である。そのために，学級全体での共有に加え，生成 AI に「〇〇小学校の素晴らしいところを，小学生にわかりやすい，短いキーワードで10個教えてください」と指示を出して，文章を作成させた。ただし，生成 AI の作成した文章の根拠は不明であり，実際に間違いが発見された。このように情報の真偽を含め，内容の妥当性を吟味することも情報収集の段階では重要な活動となる。

授業技術アップのヒント

　「質の高い情報収集」に必要なのは，「質の高い文章を書きたい」と子供自身が意欲をもつことである。多くの場合，情報収集にはインターネット検索が使用されると考えられるが，そのためには，必要な情報を得るためにどのような検索ワードが望ましいのかという，日本語の質とはまた異なる次元での「言葉を精選・吟味する活動」にも折に触れて取り組んでおきたい。

3．考えをもつ・意見形成のための技術

技術**1**　考えを書きたくなる題材（教材）を用いる
技術**2**　題材（教材）の魅力を共有し，意見をもちやすくする
技術**3**　目的意識（魅力を伝える等）をもって意見構成する

　「書くこと」に抵抗を感じる子供は少なからずいる。大抵の理由が「何を書いたらいいかわからない」「書くことがない」からだ。しかし，必ずしも書く力がないわけでも，考える力がないわけでもない。書きたくなるような魅力的な題材に出合えていないだけなのかもしれない。「これなら書ける！考えられる！」とまではいかなくても，「何か書けそうな気がする…」という思いを起こさせ，書き始められる自分の姿をイメージさせてあげたい。

　そのためには，書きたいと感じられるようなきっかけを設定する必要がある。遠足や運動会後の行事作文はそれなりに魅力的な動機づけがあるが，全員が書きたくなるとは限らない。体験や経験を言語化する力には個人差があるからである。そこで，国語授業で多くの言語を用いて学び合ってきた教材（物語や説明的文章等）を題材にしたら，自分の考えや意見を書きやすくなるのではないだろうか。ノートを読み返して国語授業を振り返ることで，伝えたい自分の思いや考えを整理し，意見を構築しやすくなるだろう。

技術**1**　考えを書きたくなる題材（教材）を用いる

　苦手意識のある子供も含めて全員を「共通の土俵」に乗せるために，学級で学習してきた教材を用いて，その魅力を伝える（書く）という活動を設定する。4年生であれば，「ごんぎつね」が最適であろう。「ごんぎつね」は「ごん」が好きだという気持ちや，結末に切なさを感じたという思いが，子供の心に強く残るからである。こうして，物語を通して考えたことを一まと

まりの文章にすると、「読むこと」の授業で考えたことや友達から学んだことを自分の意見として表現する場になる。物語を好きになった気持ちから率直に綴ればよいので、書きたい内容に困る子が減少するだろう。

技術❷　題材（教材）の魅力を共有し、意見をもちやすくする

　みんなが好きな教材と言えども、その魅力をすぐに綴れる子供ばかりではない。個人差を埋めるために、物語の魅力を学級全体で共有する授業を行う。めあてを「物語『ごんぎつね』の魅力を伝えよう」と設定して、思いつくままに列挙させる。すると「登場人物の気持ちが変化していく」「ハッピーエンドではない…切ない」「クライマックス場面が感動的」「情景描写が美しい」等、授業で学んできたことを語ってくれる子供がいるはずだ。既に、書きたいことを考えついている子供である。そこで教師は、それらの「ごんぎつね」の魅力を板書して整理し、迷ったり悩んだりしている子供のヒントになるようにする。自分から雄弁に魅力を語れない子供でも、モデルを示すことで「自分もここが好きだったなあ…」「確かにこれは素晴らしいところだった！」と気づいたり、思い出したりして、意見がもてるようになる。

技術❸　目的意識（魅力を伝える等）をもって意見構成する

　「書くこと」の指導で曖昧になっている課題の一つに、目的意識がある。何のために書くのか？それがわからないまま書く活動は、リアリティに欠ける。説得力も不足する。その点で言うと「物語の魅力を伝えるために書く」という目的は、わかりやすい。過去の学びを基にしてそれぞれが感じた魅力を伝え合い、物語を更に深掘りする活動は面白いし奥深い。意見の多様性によって刺激し合う場面が増え、モチベーションも上がる。また、書いた文章をその後に読み合う活動を前提とするので、読み手を想定して書くことになり、相手意識を高めることにもなる。すると、ますます説得力のある文章を書きたいという意欲が高まり、意見形成力が磨かれていくのである。

第4章　「書くこと」の授業技術　095

授業技術の活用場面（小学4年）

○単元名：物語のみ力を伝え合おう（本時：10/12時）
○教材名：「ごんぎつね」（共通）
○本時のねらい：「ごんぎつね」の魅力を共有することによって，伝えたいことを意見として構築することができる。

学習活動	留意点等
1　本時のめあてを確認する。 　物語「ごんぎつね」のみ力を伝えよう。 2　物語「ごんぎつね」の魅力を列挙する。 ・授業ノートを振り返りながら，自分にとっての魅力（よさ・好きなところ）を考える。	・物語単元の学習を振り返り，メタ認知を促す。 ・「魅力」の代わりに，平易に「よさ」「好きなところ」と言い換えてもよい。
3　一人一人が感じた魅力を学級で共有する。 ・発言する際，根拠や理由を添えて話す。 ・魅力をノートに書き写しながら，自分の感じ方・考え方と比較する。 ・自分にとっての魅力度をランキングして，番号を記す。	・挙げられた魅力を板書して整理する。 ・共感する魅力には同意の意思表示をさせる。 ・感じ方・考え方の違いから学び合わせる。
4　挙げられた魅力のなかから物語の鑑賞文に書きたいこと（みんなに伝えたいこと）を抽出する。 ・ランキング上位の魅力から選び，自分にとっての根拠と理由（自分の意見）を書き添える。 5　書きたいことを，構成メモにまとめる。 ・段落数（2〜4程度）を意識して内容を構成する。 6　原稿用紙に書き始める。（個人の活動）	・一人一人が感じた物語の魅力を鑑賞文に書き，それを読み合うことを伝える。 ・どのように好きか，なぜ好きかを書くようにする。 ・箇条書きで簡単にまとめさせる。 ・構成メモができた子供から，作文活動を始めるようにする。

授業技術活用のポイント

「書くこと」の学習活動が育成する資質・能力は，とてもデリケートである。生活経験や知識・技能の差が如実に表れてしまうので，丁寧に指導して自信をもたせなければ，心を閉ざしてしまう場合がある。その点を無視して「なぜ書こうとしないの？」「早く書きなさい」と背中を押すだけでは，子供は前に進めない。「自分にも考えられる！書くことができる！」という状況を具体的に設定することが，教師の役割である。

そのためには，子供自身の教育力を大いに活用したい。友達が出したアイデアに共感したのなら，それに乗って自分なりの根拠と理由を加えればよい。物語の魅力を伝えるという目的であれば，同じ点を挙げても何らおかしくないし，むしろ共感する喜びを感じることもできるだろう。モデルとなる考えに倣って，自分の意見を書き綴るという課題を達成できれば，「書くこと」に対する自信の第一歩になる。但し「○○さんと同じ」という段階に留めてはいけない。「○○さんと同じところに魅力を感じたけれど，理由が少し違う。私は□□からもそう感じたから…」等，あくまでも個の考えを重視したい。それは，机間指導で寄り添いながら，言葉がけしたり問い返したりして導き出せる要素である。

また，目的意識と相手意識をもって書くという構えは，「書くこと」の学習活動において，主体性を高める重要な視点である。文章に対する責任が生まれるし，その後の交流活動に対して期待が高まるからである。友達の意見や意見構成の技術から学ぶ力には，どんな名文にも匹敵する教育力がある。

授業技術アップのヒント

個別最適な学びと協働的な学びの融合においては，級友の考えを評価し，自分なりの価値を見出して付加するという活動を通して育まれる力も，立派な資質・能力である。学級の子供の実態を掌握しながら，うまく引き立て，活用する授業技術を身につけていきたい。

4．構成の検討のための技術①
意図的に考えさせる

技術❶　書く順序を考えさせる
技術❷　はじめ・中・終わりを定着させる
技術❸　事例と主張，原因と結果等を批判的に考えさせる

　そもそも，書くことにおける「構成を考える」とは具体的にどんなことを考えさせることなのかを考察してみたい。ここでは，逆に「全く構成を考えていない文章」とはどんな文章かを考えてみる。それは，「思いつくままに書いている文章」「段落などの意味のまとまりがなく読みにくい文章」「事例と主張がかみ合わないなど支離滅裂な文章」などが挙げられるだろう。それでは，こうした「全く構成を考えていない文章」を書かせるのではなく，しっかり「構成を考えさせていく」には，どのように指導していけばよいのか。ここでは，説明的文章指導と絡めた指導を提案する。なぜなら，教科書記載の説明的文章は，先に挙げたような「全く構成を考えていない文章」ではなく，「順序」に配慮して，文章を意味のまとまりに明確に分け，首尾一貫した展開となるように書かれているものがほとんどだからである。説明的文章指導の際に，このような説明文や筆者の構成のよさを十分学習させておき，それを子供たちが書くときにも想起させ，おさえながら書かせていくことで，自然と子供たち自身も「構成を考える」ことが出来るのである。

技術❶　書く順序を考えさせる

　主に低学年では，説明的文章を学習する際に「順序」を検討させる。そうして，筆者が事柄の順序や時間の順序に気をつけながらわかりやすく説明していることに気づかせている。これを子供たちが書く際にも想起させたい。

例えば，おもちゃの作り方を説明する文章を書かせる際には，「どういう順序で書くと，読んでいる人がおもちゃを作りやすいか」ということを考えさせる。そうすると，子供たちは既習の説明文の学習を思い出しながら，「作る順番」に説明していった方がわかりやすいということに改めて気づき，構成を自然に考えながら説明文を書ける。

技術❷　はじめ・中・終わりを定着させる

　主に中学年では，説明文を学習する際に「はじめ・中・終わり」の構成を指導する。その構成が説明文の基礎であり，読者にとってわかりやすいということに子供たちは気づいていく。この「はじめ・中・終わり」という概念は中学年以降高学年でも常に説明的文章を読む際に意識させていくことであるので，繰り返し指導し根づかせていく。

　そして，説明的文章を読む際だけでなく，文章を書く際にもこの「はじめ・中・終わり」を意識させていくことで，子供たちは自分が書く文章の構成を考えることができる。具体的には，はじめにどんなことを書いて，中にどんなことを書いて，終わりにどんなことを書くか，構成メモを作らせるようにする。構成メモを作ることで，子供たちは「はじめ・中・終わり」に対して自覚化していく。繰り返していくと，「はじめ・中・終わり」の構成で文章をスラスラ書けるようになっていく。

技術❸　事例と主張，原因と結果等を批判的に考えさせる

　主に高学年では，説明文を学習する際に「事例と主張」のつながりについて検討させたり，「原因と結果」をおさえたりする。これらは，「事例」や「主張」といった言葉と，その説明文のなかでの具体とを合わせてその概念を定着させていきたい。

　そして，これらの概念に関しても子供たちが文章を書く際に十分検討させていく。文章を書かせる前に，思考ツールなどを用いて文章の骨格となる「事例と主張」や「原因と結果」を書き表し，検討させるとよい。

第4章　「書くこと」の授業技術　099

授業技術の活用場面（小学3年）

○単元名：つたえたいことをはっきりさせ，ほうこくする文章を書こう

（本時：6/10時）

○教材名：「取材したことをほうこく文に」（教出）

○本時のねらい：伝えたいことの中心を決め，内容のまとまりごとに文章の構成を考えることができる。

学習活動	留意点等
1　本時のめあてを確認する。 　ほうこく文の組み立てを考えよう。 2　調べたことのなかから最も伝えたいことを決める。 ・前時までに集めた情報のなかから，自分が最も伝えたいことを決め，それが文章の中心になることを指導する。	・本時が，単元全体の学習計画のどこに位置づけられるのかを確認する。 ・調べたことの一覧のなかから，自分が「これは絶対に伝えたい」というものを選ぶよう言葉がけする。
3　構成メモを考える。 ・既習の説明文の構成を想起する。 ・はじめ・中・終わりそれぞれにどんなことが書いてあったかを，説明文を基に確かめる。 ・教師が作った，はじめ・中・終わりが混在した文章を読み，わかりにくさを体感する。 ・構成メモを考える。	・これから子供たちが書く文章が説明文の一種であることに気づかせてから既習の説明文の構成を想起させるとよい。 ・教師の例文を読ませることで，はじめ・中・終わりに分けて書くことのよさに気づかせる。
4　構成メモを見合い，アドバイスし合う。 ・はじめ・中・終わりに書いてあることが適しているかを中心にアドバイスし合う。 5　本時の学習を振り返る。 ・文章の構成を考えるときに気をつけたことを振り返らせる。	・友達の構成メモを見てヒントにしてよいことを伝える。 ・はじめ・中・終わりに分けて文章を書くことのよさについても考えさせたい。

授業技術活用のポイント

　この授業は，前時までに行った調べ学習で集めた情報のなかから，中心を選び，構成メモを作る学習を行う。そのために，説明的文章の学習を想起しつつ，はじめ・中・終わりそれぞれの部分にどんな内容を書けばよいのかをおさえていき構成メモを作りやすくしている。

　文章を書く際に子供たちが困ってしまうのは，情報を集めたのはいいが，それらをどのように構成したらよいかわからないということである。そこで，中学年では「はじめ・中・終わり」という説明的文章の最も基礎的な事項を定着させていくことで，子供たちはその枠組みを使いこなし，文章を組み立てていくことができるようになっていく。ただし，文章を書くときに教え込んでもなかなか定着せず，そのよさにも気づきにくい。

　そこで，説明的文章指導と関連させて指導していく。本時ではいきなり「はじめにはこういうことを書いて…」と教師が教え込むのではなく，既習の説明文を想起させ，「はじめにどんなことが書いてあったかな」と確かめていく。そうすることで，子供たちは説明文の学習を思い出しながら自然と自分が書く文章の構成を検討していく。もちろん，これに合わせて説明的文章指導の際も，はじめ・中・終わりを指導しておき，各部分にどんなことが書いてあるのかを大体おさえておく必要がある。

　次に，はじめ・中・終わりが混在した文章を教師が用意し，それを読ませることでそのわかりにくさを体感させていく。人は，既に在るもののよさには目が行きにくいものである。あえてはじめ・中・終わりという構成の工夫を無くした文章を読ませることで，逆にその構成のよさに気づかせていく。

授業技術アップのヒント

　「はじめ・中・終わり」を意識し，効果的に段落を構成できるようにするには，何と言っても子供たちが「はじめ・中・終わり」に分けることの「よさ」を感じ，「使ってみたい」と思えるようになることです。構成を考えて文章構成をすることの有効性を感じ取らせる授業をしたい。

5. 構成の検討のための技術②
観点を意識して書くことを促す

技術**1**　構成が異なる文章の比較を促す
技術**2**　観点を意識して書くことを促す
技術**3**　小見出しから書くことを促す

　「書くこと」は書き手の力量の差が大きい。中学生であればそれは顕著である。書ける子供はどんどん書く。ただし，そのようにどんどん書かれた文章の構成が優れているとは限らない。むしろ，一気呵成に書かれた文章の構成にはおかしな点があることが多いのではないだろうか。文章の構成を整えたり工夫したりすることは，意識しないとできないことだと考えられる。

　しかし，先人たちは起承転結や序論―本論―結論といった構成の型を最初からはっきり意識して作ったわけではない。創意工夫していくなかでだんだんと出来あがったものである。このことを鑑みると，まずは文章を書く目的があり，そのために構成が決まるという順序が自然であろう。子供たちにとって必然性がないままに構成だけが指定されても，動機づけは図られない。

　もちろん，ある文章構成の型を理解するために，その型で書いてみるといった学習活動はあり得るだろう。要するに，教師は，構成をテーマとした「書くこと」の授業の目標が「構成の理解」なのか「構成の活用」であるのか，そのことを明確にしておく必要があると考えられる。

技術**1**　構成が異なる文章の比較を促す

　「構成の理解」が目標の授業では，ある文章構成の型について，形式だけでなく特徴やよさを子供たちが理解するところまで目指したい。そのために，同じ内容で構成が異なる文章を比較する方法が挙げられる。例えば，頭括型

と尾括型の文章では読み手が受ける印象は違う。その印象をねらってそれぞれの構成は選ばれる。まずは読み手として体験し，腑に落ちてもらうことが重要ではないだろうか。稿者がよく行う方法に，「同じ内容で構成が異なる文章」を子供に知らせず配付するというものがある。教室の並びごとに頭括型，または尾括型の簡単な文章を配る。黙読後，文章への納得度など観点を絞って感想の交流を行う。子供間の感想は自ずと異なる。異なる理由の一つに構成の違いがあると気づく……そんなしかけを施すのである。

技術２　観点を意識して書くことを促す

　構成の学習でのしかけとして，下図のような，文章を読み合った後のフィードバックの欄を設ける方法も挙げられる。これは，「構成の活用」が目標の授業で，子供が目的意識をもった上で文章構成の工夫をしようとすることを目指したものである。稿者の場合，文章を読み合ってこの欄を記入させるようにしている。自分の文章が特定の誰かに読まれるとわかったとき，書く意欲は高まる。そして，文章に工夫を凝らそうとする。工夫の方向性は，このフィードバックの欄が拠り所になるだろう。教師からの指導に加えて，このようなしかけを用いることで，子供たちに観点を意識して書くことを促していきたい。

| □導入に引き込まれる　□接続語の使い方が正しい | より |
| □内容の中心がわかりやすい　□主張への展開がうまい | |

技術３　小見出しから書くことを促す

　意識して書くことを促す技術の一つに，まず小見出しを決めさせるという方法がある。文章の小見出しだけ作り，それらがきちんとつながっているかの検討を促す。その後で文章を書く。こうすることで，それぞれのまとまりの内容のブレが少なくなる。

　パソコン入力で文章を作ると，この活動の応用がきく。例えば，文章の完成後に小見出しを削除させる。それでもうまくつながる文章は，構成がしっかりしていると言える。このような活動がパソコン入力だと容易である。

授業技術の活用場面（中学２年）

○単元名：「推し」の登場人物を論じよう（本時：1/3時）

○教材名：「人物を描写しよう」（東書）

○本時のねらい：伝えたいことが伝わるために，どんな文章の構成にすれば
　　よいかを考えることができる。

学習活動	留意点等
1　人物評の文章を黙読する。 2　文章のわかりやすさ，興味，印象の強さといった観点に絞って感想を交流する。	・文章は同じ内容のものを頭括型，尾括型，双括型のそれぞれのパターンで用意しておく。子供たちにそのことは知らせず一人一つだけ文章を配付する。
3　本時のめあてを確認する。 　伝えるための文章構成を考えよう。 4　頭括型，尾括型，双括型について理解し，それぞれの特徴について考える。 5　今までの国語の授業に出てきたなかで好きな登場人物を選び，一言の人物評を考える。 6　人物評の根拠を考える。また，文章を誰に読んでもらいたいかと，どのような構成にすれば一番伝わるのかを検討する。 7　振り返りを行う。次時への見通しをもつ。	・最初に感想を交流したことを想起させ，それぞれの特徴やよさをおさえる。 ・「○○を一言で言うと～人」の形の人物評を考えさせる。 ・文章から根拠をもつようにさせる。文章を読む人の想定によって書き方が変わりうることを示唆する。

授業技術活用のポイント

　ポイントは「子供の読者体験」である。今回は，「技術1」で挙げた「構成が異なる文章を比較する」ことの活用場面の例を示した。

　この単元では，学習活動を通して，伝えたいことの根拠の適切さを考えたり，文章の構成や展開を工夫したりする力をつけることが目標である。

　その第一段階が，本時の授業である。ここで子供たちが初めて頭括型，尾括型，双括型の構成を体系的に学ぶと想定している。

　この学びは，それぞれの構成を紋切り型に覚えることでは意味がない。それぞれの特徴が腹落ちされた上で，子供が目的に合わせ使い分けられることを目指したい。そのために，まずはそれぞれの構成を子供に読者として体験してもらうのである。

　体験をより鮮明なものにするため，稿者の場合はこの授業では最初にめあてを示さない。「いきなりですが，文章の黙読をします。国語で読んだ物語文の登場人物について論じた文章です。黙読の後，文章のわかりやすさ，興味，印象の強さについて感想の交流をします」といった説明を行う。子供に配る文章について，構成が隣同士で異なっていることも教師は伝えない。文章を読んでの感想は観点を示し，「とても納得した」は「5」のように数値化して交流させると，その違いが明確になりやすいだろう。違いが出たところで，お互いが読んでいた文章の読み合いを促す。その上で，文章が書かれる目的と構成の関係について子供たちが考えていけるようにしたい。

授業技術アップのヒント

　文章を書く上での知識（ここでは構成について）が生きたものである重要性を上述した。だが，同じく重要なのはそもそもの書く動機づけである。ここに大きく関わるのは，文章を書くときに誰に読まれるか，すなわち宛先が決まっているかである。宛先がある文章には工夫が凝らされる。その工夫の一つに，構成という視点が子供たちに取り入れられることを目指したい。

6．書くための話す活動（ペア・グループ・全体）の技術

> 技術❶　「よい文章」のためのチェックリストを検討し，見通しをもつ
> 技術❷　ICT機器を用いた「相互推敲」を取り入れる
> 技術❸　生成AIに文例を作成させることを生かす

　書くことが苦手になってしまうことの理由の一つとして，ともすると書くことが孤独な一人作業になりがちであることが挙げられる。書くことの学習過程においても，「共有」以外は一人で行うことが可能である。逆に，だからこそ「書くことが好きだ」という子供も存在はするのだろうが，その子は一人でもできているのであって，問題にすべきなのは「自分一人ではできない（不安だ）」から「書くことが嫌いだ」となってしまう子供の方である。

　しかし，「一人でできる」ことは「一人でしかできない」ことと同義ではない。むしろ，書く学習のそれぞれの過程に，必要に応じた協働的な対話的学習の場を組織することによって，一人でも書ける子供であっても，その内容を更に充実させ，満足度が高まることが可能であると考える。それには，読み手を意識することや，文章の妥当性や説得力を高めることなどを他者の反応や応答を通して確かめられる点などのメリットが挙げられる。

技術❶　「よい文章」のためのチェックリストを検討し，見通しをもつ

　記述の前の段階において，「よい文章」のための必要条件や十分条件を検討し，共有のチェックリストを作成させることで，これから書こうとする文章への見通しをもつことができるようになる。このチェックリストは，記述の後の推敲の段階においても，文章を客観的に評価する観点となる。

　チェックリストの作成にあたっては，導入時に確認した複数の文例・資料

を基に，グループや全体で積極的によいところを出し合い，共通理解できた点を「コツ」「技」として命名させることなどを通して，じっくりとその内容まで把握させる必要がある。

技術② ICT機器を用いた「相互推敲」を取り入れる

「推敲」については別節であらためて取りあげられることとなるが，ここでは，協働的な学習としてのICT機器を用いた「相互推敲」の有効性を取りあげる。先述のチェックリストなどを観点として，推敲に取り組む際にも，ペアやグループで互いの文章を読み合うことは，自分の文章を未見の相手にも，正確に伝わっているかを判断する上で効果的である。

その際には，自分が記述した文章について，まずは予めチェックリストへの自己評価を5段階の数値やレーダーチャートなどで可視化させておく。そして，その自己評価を基にして，他者評価とのすり合わせを行う。

また文章をタブレットなどの入力で作成しておくと，コメント機能の活用や読み合う活動が容易となる。何より，実際の推敲の作業が紙ベースに比べて圧倒的に手間がかからない。その意味では，今後は「書くこと」の学習においても，子供の実態に応じて入力による記述にも積極的に取り組みたい。

技術③ 生成AIに文例を作成させることを生かす

先に，「よい文章」を検討する上で多様な文例を比較・検討することの有効性について触れたが，子供自身がいざ自らの意志で文章の作成に取り組もうとした際には，教師が適切で必要な文例を用意することは難しい。しかしあくまでも批判的に文章内容を検討するために文例が必要であれば，生成AIの活用も有効である。剽窃の悪質性や使用にあたっての年齢制限などを含めて正しく認識させることが前提とはなることは言うまでもないが，いたずらに生成AIを危険視するだけではなく，授業において，生成AIが作成する文章の有効性や限界，利活用のルールを学習し，子供の自己内対話を活性化させるためのツールとして利活用させる指導も視野に入れたい。

授業技術の活用場面（小学6年）

○単元名：具体的な事実や考えをもとに，提案する文章を書こう

（本時：7/10時）

○教材名：「デジタル機器と私たち」（光村）

○本時のねらい：文章を推敲する観点を知り，自分たちのグループの提案文
　を，みんなで相談しながら，よりよい文章へと書きなおすことができる。

学習活動	留意点等
1　本時のめあてを確認する。 　　グループで提案を推こうし，「よりよい提案文」に書きなおそう。	・「よい提案文のポイント」を振り返らせる。
2　「よい提案文」について確認する。 →問題点を解消する提案であるか →説得力が増すための工夫の効果があるか	・推敲する前後の文章を比較することで目的を確認させる。
3　教師が作成した二つの文例を基に，推敲の効果を確かめる。 A：推敲前の文章　　　B：推敲後の文章	・学級ルームに二つの文例をアップしておき，開かせる。
4　グループ内の複数の「提案①」を読み，観点に基づいて，グループで推敲する。 →話し合いの司会役とドキュメントへの記入役を決定する。 →共通点と相違点を確認し相違点を検討 →赤字で修正したり，ドキュメントでコメントを入れたりする。	・グループで同じドキュメントを開き，気づいたことを交流する。 ・3分程度，一人作業の時間をとり，ドキュメントに考えを記入する。
5　推敲の様子と，経過を報告する。 6　「学習感想」（振り返り）を書く。	・理解したこと，出来るようになったことをスプレッドシートに入力させる。

108

授業技術活用のポイント

この授業は，同じ問題意識をもったメンバーが，3〜5人のグループで提案文を作成する学習である。前時までに，記述を済ませており，本時はそれを「よりよい提案文」に練りなおす「推敲」の学習となる。

前時までに，グループ内で検討した同様の提案内容に基づいて，まずは個人で文章を書かせた。本時では，同内容であるがゆえに重なる部分は多いが，それぞれに書きぶりの異なる複数の文を比較し，文章の共通点や相違点を比較した。そして特に相違点について，グループとしてどのように扱うことが「よい意見文」へと文章を練りあげることになるのかを検討した。

せっかく一度は書きあげた文章を，よりよく書きなおすという「推敲」は，子供たちにとっては楽しいものとは言い難い。そこで，複数の文案をグループとして一つにまとめるという場を設定することで，相互推敲の必要性を高める。また，一人で書いた時点では満足できなかったかもしれない文章であっても，グループの相互推敲の場においては，相違点を生じさせることで価値を生むこととなる。結果として，自らの文章がグループの文章として再構築されることは，推敲の価値を感じ取ることにもつながるだろう。

授業後の振り返りにおいては，具体的な改善点を明らかにさせつつ，その効果を全体で確認することなどを通して，グループで取り組んだ内容を全体の場でも価値づける。「書くこと」のような技能系の学習においては，上達の実感こそが，学習を日常生活に転移させる契機となることを心がけたい。

授業技術アップのヒント

グループ活動での交流は，子供にとってもその場ごとの即時的な対応が求められる。本時の相互推敲においても，初読においてある程度の内容を把握することが必要となるため，普段の読むこと，聞くことの質を高めておくことも重要となる。教師が，領域や教科のつながりを横断的に意識しつつ，即興的な対応で適切に子供たちを鍛えていくことも必要である。

第4章 「書くこと」の授業技術　109

7. 書く（記述する）ための技術

技術❶　一文（主述関係・文体・長さ）の指導をする
技術❷　段落・接続語の指導をする
技術❸　引用の仕方を指導する

　「書くこと」指導の負担感に，子供が書いた文章の添削をしなければならないという作業があるのではなかろうか。確かに誤字脱字があれば正さなければならないが，細かい点に目を奪われて重箱の隅をつつくような事後指導ばかりをしていては，子供の意欲は減退する一方で，記述力は育たない。書き始める前に指導すべきポイントを教え，生きて働く技術を身につけさせることの方が重要である。事前指導を充実させることで子供が「朱で直される」回数を極力減らし，前向きに文章を書けるようにしたい。
　以下に子供が陥りやすい記述失敗例，つまり指導のポイントを挙げる。
　①主語と述語がつながらない。例：私が好きな遊びは，縄跳びが好きです。
　②敬体と常体が混在している。例：おやつを食べた。おいしかったです。
　③一文が長過ぎて意味不明になる。（５行以上に及ぶような長文）
　④段落が不足して話のまとまりやつながりがわからない。（接続語がない）
　⑤誰が言った内容かわからない文がある。（引用が示されていない）

技術❶　一文（主述関係・文体・長さ）の指導をする

　上記①②③に関して誤文や悪文を例示して，どうしたら正しい文になるかを検討する活動を行う。一人では気づきにくいのでペアで活動するとよい。
①「私が好きな遊びは，**縄跳び**が好きです。」（ペアで考えて直そう！）
　ア：主語「遊びは」を変える⇒「私は，縄跳びが好きです。」
　イ：述語「好きです」を変える⇒「私が好きな遊びは，縄跳びです。」

※このような文例を複数出して，ペアで課題解決していくと定着が深まる。

②「おやつを食べた。おいしかったです。」（どこがおかしい？）

　　ア：敬体で統一する⇒「おやつを食べました。おいしかったです。」

　　イ：常体で統一する⇒「おやつを食べた。おいしかった。」

※敬体よりも常体の方が力強さやリズムが生まれることを伝え，どちらに統一するかを選ばせるとよい。

③長文の例「…して…して…ので…だから…。」（短く区切ろう！）

※「３文にする」など具体数を示して区切るポイントを確かめる。その際，主語を明らかにして「誰が（何が）どうした」のかをわかりやすくさせる。

技術２　段落・接続語の指導をする

　段落がなく接続語も抜いた文章を例示して，わかりにくさを体感させ，段落や接続語の必要性を実感させたい。「書くこと」に生かすために行うので説明的文章を用いるのがよい。まず，少人数グループで段落をいくつに分けるのがよいか考えさせる。グループからその結果を発表させた後，全体で確認し，各段落の文頭に接続語を付けさせる。すると，子供は書かれている内容から段落のつながりを意識して，相応しい接続語を考えようとする。この活動によって，作文における段落と接続語の有意性を習得できる。

技術３　引用の仕方を指導する

　国語科学習指導要領「書くこと」の指導事項に高学年では，「（中略）引用したり，図表やグラフなどを用いたりして，自分の考えが伝わるように書き表し方を工夫すること」とある。「引用」は「書くこと」における大事な技術の一つである。しかし，自分の考えなのか，誰かから聞いたことなのか，本で学んで知ったことなのかが曖昧な場合が多い。将来的にレポートや論文を書く際に必要となる資質・能力なので，ルールとして，出典を明記すること，引用の場合は「　」を用いる，または段落を変えて字を下げること等を具体的に指導したい。

第４章　「書くこと」の授業技術　111

授業技術の活用場面（小学4年）

○単元名：ほかの人の言葉を用いるときには？（本時：1/2時）

○教材名：「引用する」（東書）

○本時のねらい：他の人の言葉を用いる場合は，引用のルールに従う必要があることを知り，活用しようとする。

学習活動	留意点等
1　本時のめあてを確認する。 　引用する場合のルールを知り，活用しよう。 2　本をそのまま丸写しすると困ることを考える。 ⇒どの本に書いてあったかが不明になる。 ⇒だれの言葉なのかわからなくなる。 3　引用とは何かを知る。 ⇒引用とは，自分の話や文章をわかりやすくするために，他の人が話したり書いたりしたことをそのまま使うこと。 ⇒何が自分の話や文章で，何が他の人の言葉かをわかるようにする必要がある。	・書く際の守るべきルールを学ぶことを伝える。 ・丸写し例の問題点を自分事として考えられるように促す。 ・文章を書く際，他の人の言葉を用いる場合には引用というルールがあることを伝える。 ・自分のもののように好き勝手に使ってはいけないことを確認する。
4　引用のルールを知る。【引用のルール】 ・「　」を付けたり，段落を変えて字を下げたりする。 ・話や文章全体ではなく，必要な部分だけを引用する。 ・元の言葉を変えずに抜き出す。 ・著者名，書名，出版社名，発行年，ページなど出典について正しく書く。	・「　」を使った引用文を視写して，実際に引用する場合の書き方を正しく覚えさせる。 ・「出典」という学習用語を確かめる。
5　引用について学んだことを振り返り，ノートにまとめる。	・大人になっても身につけておくべきことを伝える。

授業技術活用のポイント

「書く（記述する）こと」には，いくつかの守るべきルールがある。大人は長年当たり前のようにルールに従って文章を書いているので，子供も特別な指導をしなくても書けるものだと錯覚しているように感じられる。だから，テーマだけを与えて好きなように書かせ，書きあがった作文に朱入れして直すという指導が主流になっているのではなかろうか。果たして，子供の受け取り方はどうであろうか。子供にとっては，きちんと教わっていないにもかかわらず，訳もわからずダメ出しを受けるという感覚でいる気がする。書くようにと言われて，ルールをよく理解せずに自由に書いていると，知らず知らずのうちに間違いを犯し，結果として否定されてしまうのでは，意欲が高まらないのも当然である。囚われのない心でのびのびと思いを綴る自由作文のよさを認めつつ，作法や技術としての記述の方法は事前にしっかりと教えるべきだろう。身につけておくべき技を親切丁寧に指導するのが，教師の責任であるとも言える。

先に紹介した①〜⑤の失敗例は，ごく一部である。子供が書いた文章を読みながら実態を把握し，その都度気づいた点を取り入れて指導項目を増やしていく必要があろう。逆に，十分に習得できていると感じられる点については，たとえ教科書に掲載されていたとしても省略して構わないだろう。重要なのは，時間をかけて指導したという教師側の事実ではなく，子供が書けるようになったかどうかという資質・能力の育ちの事実である。

授業技術アップのヒント

いずれにしても，記述に関する失敗しやすいポイントを焦点化して事前に教え，ルールを身につけさせ，それに則って自信をもって綴れる子供を育てたい。文章を書くことは，程度の差こそあれ誰もが一生続けていく行為であるので，前向きな気持ちで取り組み，積極的に学んでいってもらいたい。そのために，事後の添削主義の作文指導からの脱却を目指したいものである。

8．推敲のための技術

> 技術**1**　文章を読みなおすようにする
> 技術**2**　推敲の観点を明確にする
> 技術**3**　ICT 機器を活用して推敲のハードルを下げる

『小学校学習指導要領（平成29年告示）解説　国語編』（以下，「解説」とする）において推敲とは，「記述した文章を読み返し，構成や書き表し方などに着目して文や文章を整えること」であると明記されている。読む人を意識して文章をよりよいものにしようとする過程は，文章作成において重要な要素である。

稿者のなかで推敲に対する捉えは，「自分自身と向き合い，これでよいのかと自問する時間」である。少し飛躍している部分はあるが，自分が紡ぎ出した文章を国語科における見方・考え方を働かせながら，よりよい文章になるために再考する時間にしたい。

技術**1**　文章を読みなおすようにする

推敲で大切なことの一つに，文章を読みなおすことが挙げられる。大人であっても誤字や脱字がない完璧な文章を一度で書きあげることは難しい。文章を読みなおし，この表現は変えた方がよいなど思考を巡らせていくことがよりよい文章につながる。低学年の推敲においては，長音・拗音・促音・撥音などの表記，助詞の「は」「へ」及び「を」の使い方・句読点の打ち方・かぎの使い方などがあるが，「文章が書き終わったら，見なおしをしてくださいね」などの教師の言葉がけだけでは，何を見なおせばよいのかが不明確である。その点を解消するために，「一人読みなおし」「交換読みなおし」を推奨する。①一人読みなおし：一文一文を自身で読みなおし，誤字・脱字な

どがないか確認する。②交換読みなおし：ペアやグループになり，友達が書いた文章をチェックする。項目に沿って読みなおしを行うことで，改善箇所が自然と見えてくる。

技術❷　推敲の観点を明確にする

　中・高学年では，間違いを正したり，相手や目的を意識した表現になっているかを確かめたりして文や文章を整えることの大切さや，文章全体の構成や書き表し方などに着目して文や文章を整えることの重要性が指導事項として挙げられている。例えば，高学年の観点では，①文章全体を俯瞰して見たときに，内容や表現に一貫性がある。②目的や意図に応じて適切な構成や記述になっている。③事実，感想，意見を区別して書いている。④引用の仕方，図表やグラフなどを適切に使用できている。上記のような観点を明示するだけで，個人やグループで推敲する際の精度が高まる。また，観点を明確にした上で，教師が推敲前のバッドモデルを提示したり，自分が作成したメモや下書きと推敲後の文章を比較したりすることも有効な手立てである。

技術❸　ICT 機器を活用して推敲のハードルを下げる

　ICT 機器を活用する目的の一つに，限られた時数のなかで効率よく学習を進めることがある。これはどの学習にも言えることではあるが，とりわけ推敲においては ICT 機器との相性がよいと考える。最大のメリットは，文章作成ソフトを使用することで，簡単に書きなおしができる点である。下書き完成後に一人読みなおしや，交換読みなおしを行うが，改善点や書きなおしがある場合はコメント機能を使って具体的に示すことで，効率よくその後の文章作成を行うことができる。たとえ下書きと言えども，一生懸命に書いた文章に多くの添削が入り，ゼロから再度書きなおしをさせられれば，書くことに対する意欲は高まらないであろう。手書きで書くことのよさを理解した上で，書くことや推敲することのハードルを下げるという目的が明確であれば，上手に組み合わせていくことが必要と考える。

第 4 章　「書くこと」の授業技術　115

授業技術の活用場面（小学6年）

○単元名：よりよい文章にするには文章を推敲しよう（本時：2/2時）

○教材名：「文章を推敲しよう」（光村）

○本時のねらい：文章全体の構成や書き表し方などに着目して，文や文章を
整えることができる。

学習活動	留意点等
1　本時のめあてを確認する。 　　推こうの技を身につけよう。	・前時で整理した推敲のポイントについて確認する。
2　教師が示した推敲前の文章をモデル文として，改善する箇所に線を引く。	・教師の文章をモデル文にすることで，改善点を見つけようとする意欲を高める。
3　線を引いたところをどのように改善すればよいのか具体的な案を書く。	・線を引いた箇所だけでなく，なぜその箇所に線を引いたのかという理由についても共有することを伝える。
4　ペアやグループになり，どのような意見をもったのか共有する。	・事実と感想を区別して書いていない，引用や文と文のつながりが意識されていないなど推敲のポイントを事前に確認しておく。
5　話し合った内容を参考にして，改善した文章を書く。	
6　本時を振り返り，読む人を意識したときに必要な推敲について大切なことについて書く。	・学んだことを書き，次の書くこと単元につなげる。

授業技術活用のポイント

　光村図書の6年生の教科書には，「文章を推敲しよう」という学習があり，推敲の大切さを取りあげた単元になっている。前時で教科書に出ている例文を使い，「技術2　推敲の観点を明確にする」授業技術を活用しながら，読む人を意識してよりよく整えるポイントをおさえる。本時では教師が示した推敲前の文章についてグループで話し合い，よりよい文章にするためのポイントや改善点を見つけていく。グループで話し合う際に「技術1　文章を読みなおす」授業技術で示している「一人読みなおし」「交換読みなおし」を行うことが望ましい。授業の展開として実際に子供に文章を書かせ，その文章を推敲する方法も考えられるが，この単元では推敲するときのポイントに焦点を絞ることで，シンプルな構成で授業を進めることができるであろう。

授業技術アップのヒント

　子供の立場に立ってみると書いた後の達成感や，推敲したことでよりよい文章になったという実感が湧かない授業構成であれば，書くことに対する苦手意識は膨らむばかりである。そのような状態にならないためにも，授業技術を駆使しながら，推敲することのよさに気がつくようにさせたい。

　推敲するときに忘れてはいけないことは，読み手を意識することである。読み手が学級や学年の友達であれば，友達に馴染みのある話題選びをする必要がある。また，お家の人や先生であれば，文末の表現方法について工夫したり，読み手の興味や関心に応じた構成や書き表し方を工夫したりすることが必要になってくる。いずれにおいても，読み手を想像して文章を書くことの重要性について，伝えていくことが大切である。

　最初に述べたように稿者は推敲を「自分自身と向き合い，これでよいのかと自問する時間」と捉えている。難しさを感じつつも，その時間を楽しむことができる子供たちを育てたいという意思をもって，授業に向き合っていきたいものである。

第4章　「書くこと」の授業技術　117

9. 楽しんで書くための技術

技術1　質より量を大切にした活動を繰り返し行う
技術2　言葉のイメージを広げる
技術3　書く活動に他者との交流を取り入れる

　「書くこと」の学習活動を日頃から楽しんで行っている子供たちは，どの程度いるだろうか。学級で書くことに関する意識調査を行うと多くの子供が苦手意識や嫌悪感を示すことが多い。また，その理由を尋ねると，「書き方がわからない」「書く内容がない」「書くことが面倒である」の3つに集約される。子供たちが書くことを楽しむためには，これらの課題を克服しなければならない。

　また，教師は子供たちに文章を書かせるとき，過度に期待し過ぎではないか。書くことへの苦手意識を抱く子供たちにとって，まずは「書く」こと自体が大きなハードルであるにもかかわらず，その質まで求められてしまっては，書くことが嫌いになるのも当然である。質を求める前に，まずは書くことが苦にならない意識づくりのための指導が必要である。

技術1　質より量を大切にした活動を繰り返し行う

　子供たちが自ら書き続ける力を身につけていくには，「書けた！」という達成感が必要である。紙いっぱいに文字が埋まる経験を積み重ねていくうちにそれが自信につながる。最初は，テーマを決めて10cm×10cmの小さな紙に言葉を書き出す活動を繰り返すとよい。「好きな食べ物」や「野菜の名前」等，誰でも書くことのできる内容を設定する。書くことが苦手な子供は文字を大きくして紙を埋めるかもしれないが，最初のうちは気にしない。書けた言葉の数を数えると競争意識も芽生え，自然と文字も小さくなっていく。

118

技術❷　言葉のイメージを広げる

　量を大切にするのと同時に言葉のイメージを広げる指導が大切である。つまり，言葉の連想である。この言葉のイメージをつなぐ力が身についてくると具体と抽象を行き来しながら，詳しく述べたり，シンプルにまとめたりする書き方ができるようになり，文章にメリハリが付いてくる。

　例えば，１枚の紙の中央にテーマを書き，そこから連想される言葉を線でつなぎながら広げる。この活動を繰り返すと，頭のなかの言葉が可視化されるため，自分がイメージしやすい言葉，しにくい言葉を認知できる。紙の上に言葉（単語や短い文）を書き出すことは，自分の頭のなかを整理する上でも非常に効果がある。まずは質より量を大切にしながら，このような活動で言葉のイメージの広げ方を学び，様々な場面で子供たちが活用できるようにしたい。

技術❸　書く活動に他者との交流を取り入れる

　書く活動は個人の活動に終始しがちである。「題材の設定」に始まり，「内容の検討」「構成の検討」や「記述」「推敲」に至るまで，個に委ねた学習活動ばかりになってはいないだろうか。作品が仕上がったタイミングで，初めて他者の存在が登場し，お互いの作品を「共有」するだけになることも少なくない。正直，これだけでは，他者を取り入れてもその効果は薄い。

　書くことの学習過程のなかにどんどん他者の存在を入れていくべきである。「題材の設定」や「情報の収集」の段階に他者との交流を入れれば，自分の気づいていなかった新たな視点で書くための材料が見つかる。「内容の検討」「構成の検討」の際，他者に自分の構想を相談することで，より相手に伝わりやすい表現方法を知ることもできる。例えば，「記述」では，他者を取り入れたリレー作文はどうか。思いがけないアイデアに出合えるはずである。

　他者を取り入れた活動は，視野の広がりだけでなく，その楽しさも実感できる。笑い声が響く教室で書く活動に没頭する子供たちを育てたい。

第4章　「書くこと」の授業技術　119

授業技術の活用場面（小学4年）

○単元名：創作物語を作ろう（本時：1/5時）

○教材名：「作ろう！『ショートショート』」（教出）

○本時のねらい：登場人物の特徴を考え，4コマストーリーを書くことを通
して，物語の設定や構成のアイデアを広げることができる。

学習活動	留意点等
1　本時のめあてを確認する。 野菜を登場人物にした物語を作ろう。	
2　自分の知っている野菜を紙に書き出す。 ・10cm×10cmの紙に知っている野菜の名前をたくさん書き出す。	・誰もが取り組めるテーマで書く活動を行う。文字の大きさは個人の書くレベルに合わせて調整する。
3　書き出した野菜のなかから登場人物に使用するものを選ぶ。 ・登場人物に使用したい野菜を3つ選び，赤丸を付ける。 4　登場人物の特徴を書き出す。 ・1枚の紙の中央に3つの野菜の名前を書き，そこから，周りに言葉が広がるように，単語を線でつなぎ広げていく。 5　登場人物の特徴を書き広げた紙を見ながら，4コマストーリーの1コマ目を書く。	・今回は，思考をシンプルにするため3つに焦点化する。子供の実態に合わせて，いくつに焦点化するかは調整して構わない。 ・特徴を書き出して筆が止まってしまった場合は，他者との交流を取り入れてヒントをもらってもよい。なるべく言葉が広がることを優先して活動形態も柔軟に設定したい。
6　4コマストーリーの2コマ目以降をリレー作文で書き進める。	・アイデアを広げるための作文のため，自由な発想で書かせる。
7　自分の手元に戻ってきた4コマストーリーを読む。	

授業技術活用のポイント

　この授業は，物語創作単元の導入である。物語創作においては，登場人物の設定と物語の展開のバリエーションが頭のなかに整理されることが重要である。そのため，導入にあたる本時では，「登場人物の設定」と「物語の展開」について他者の思考も取り入れながら学習する。

　まずは，質より量を重視した活動で子供たちの思考を耕す。野菜の名前を自由に書き出すだけなので，抵抗なく楽しく取り組める。個人の書く力に合わせて文字の大きさを自由に調整させてよい。

　次に，物語を書く際に展開が広がり過ぎないように焦点化を行う。今回は「登場人物」の焦点化を行った。3つに絞ってから，その特徴を考えることで全員がシンプルに思考できるように配慮している。このように，なるべく活動をシンプルにデザインする力も授業技術の一つである。

　登場人物の設定の見通しをある程度つかんだ段階で，物語の構成を仮に考える場を設ける。次時以降で，じっくりと時間をかけて物語の展開を考える学習を行うが，今回は4コマストーリーという形でその練習を行った。さらに，この展開を一人で考えるのではなく他者との交流を入れることによって，自分一人ではひらめくことのないアイデアを取り入れる場を設定している。通常であれば，一人きりの活動で終わってしまう「物語の設定」「構成」部分だが，自分の考えた物語の続きを他者に委ねることで仕上がりを楽しみながら活動を行うことができる。また，他者の文章創作の手助けをする立場に立つこともイメージを広げる訓練になる。

授業技術アップのヒント

　今回は，個の活動で行った「野菜の名前」「登場人物の特徴」を書き出す部分にも他者を取り入れるとバリエーションが増える。どの学習過程に他者の存在を入れるかは，子供たちの実態を見て教師が判断すべきである。他者との交流で，一人一人が楽しく書くエネルギーへとつなげてほしい。

第4章　「書くこと」の授業技術　121

10. 共有のための技術

技術**1**	読んでもらいたい気持ちにする
技術**2**	多少の緊張感がある発表の形式をつくる
技術**3**	書いて楽しい，読んでうれしい感想を書く場を設定する

　書くことにおいて，共有は実際に文章を作成するプロセスにはないものであるが，書くことと同じくらい重要な活動である。書くことが書いて終わりであれば，何のために書いたのかわからず，満足感，達成感を十分に得ることなく単元を閉じることになる。一方，書くことの先に読み手がいて，自分が書いたものを読んでもらえるという思いがあるなら，何としても満足してもらえるようなものを書こうと思うだろうし，また，実際に読んでもらい何らかの褒め言葉をもらえるようであれば，「書いてよかった」「次にも書きたい」という思いをもつことができる。書き言葉は読み手なしには完成しない。そういう意味からも共有という活動を大事にしたい。

　そして，できることなら，書き手がよい思いができるような場の設定や活動の工夫を取り入れたい。現状は，シンプルに互いに読み合って，感想を伝え合うという活動が多いことが推測できるが，ドキドキ，わくわくするような共有にすることで，読んでもらった喜びもより大きなものになるのである。

技術**1**　読んでもらいたい気持ちにする

　自分が書いた文章を読んでもらいたいかと言うと，書くことに自信のない多くの子供は「読まれたくない」と思っている。特に，教師に読まれることについては，誤字脱字を改め朱を入れられた文章が戻ってくることに対して強い反発を抱いている子供（大人になっても）が多いことを考えると，教師だけが読むという状況は避けなければならない。

そこで，教師以外の読み手を求めるとしたら，子供であれば，同じ学級，同じ学年の子供がまずは考えられる。さらに，上級生及び下級生の他学年の子供たちもよい読み手となりうる。また，担任以外の教員や保護者，地域の方なども子供たちにモチベーションを与える読み手の候補として考えられる。ただし，読んでくれれば誰でもよいというわけではなく，この内容であればこの人に読んでもらいたいという子供の思いを具体化していくことが重要であり，その見極めが適切にできることが授業技術となる。

技術2　多少の緊張感がある発表の形式をつくる

　誰が読むかということと同じくらい重要になるのが，どのような状況で発表するか，そのシチュエーションの設定である。「今から，隣の人と読み合いましょう」でも活動は成立するが，ドキドキするような場が用意されていると，「頑張ろう」という気持ちが起こってくるものである。かと言って，大がかりな発表の場を単元のたびに用意することは現実的ではない。ちょっとした工夫で，子供たちが緊張感をもって望めるような場づくりをする技術が大きな効果を生む。

技術3　書いて楽しい，読んでうれしい感想を書く場を設定する

　共有の場では，読んで話し言葉で感想を伝え合うこともあるが，書いた文章に読み手の感想が残ることで，その達成感が持続するものになるのである。その際，批判的なことは書かず，よかった点を挙げるような書き方をすることは既に一般的に行われるようになっている。それに加えて，書き手が書いて楽しくなるような共有の場であれば，書き手も読み手も楽しい，書くこと単元の終末に相応しいものになる。自分が書いた文章を読んでもらいたい，友達が書いたものを読むのが楽しい，そういう思いを感想を書き合うことで実現する技術を身につけたいものである。

第4章　「書くこと」の授業技術　123

授業技術の活用場面（中学１年）

○単元名：資料を活用してレポートを作成しよう（本時：6/6時）

○教材名：「根拠を示して説明しよう　資料を引用してレポートを書く」（光村）

○本時のねらい：レポートを読み合い，資料の使い方のよい点についてコメントすることができる。

学習活動	留意点等
1　本時のめあてを確認する。 レポートを読み合い，資料の使い方のよい点についてコメントしよう。	
2　ポスターセッション形式で，交代で書いたレポートの発表をする。 ・発表の進め方を説明する。 ・タブレットでレポートを示しながら説明する。 ・簡単な質疑の時間を設ける。 ・聞き手は，コメントカードに資料の使い方を中心にコメントを記入する。	・発表者のデータを共有するかしないかは，タブレットの活用の実態によってでよい。 ・3グループに分けて交代で発表する。1回の発表は5分程度。2回繰り返す。 ・コメントは紙媒体で行う。
3　全体で，感想を交流する。 ・発表についてよかった点を出し合う。 ・レポートについて，資料を使うことの効果について話し合う。	・全体での交流は，観点を絞って行う。ここでは資料の使い方を中心に話し合うようにする。
4　振り返りをする。 ・発表を踏まえ，自分のレポートが伝わりやすいものになっていたかを振り返る。	・発表や全体交流を踏まえた振り返りになるよう方向づけをする。

授業技術活用のポイント

　この授業では，発表をポスターセッション形式で行うこととした。ポスターセッションにすることで，誰が視聴しに来るかわからない状況を生み，程よい緊張感を生み出すことになる。授業のはじめには，「レポートを読まれたくない」「発表するのは恥ずかしい」と思っていた子供たちも，視聴者が目の前に現れることで「読んでもらいたい」「発表を聞いてほしい」という思いをもつようになる。視聴者側についても，席に着いたままで文章を交換しながら読む方法と比べて，非日常を感じながら発表を聞く場になるだろう。このように，発表者，視聴者共に，ドキドキ，わくわくするような場づくりにすることが，共有によって書くことの資質・能力の定着を促すことにつながるのである。

　発表を聞いてのコメントについては，一言でもよいので，「読んでくれた」「発表を聞いてくれた」ことを記憶に残し，「書いてよかった」という満足感，成功感につながるようにする。そのためには，なるべく口頭の評価やコメントだけでなく，文字で伝える設定をしたい。タブレットでコメントを送る形でもよいが，今回はより形として残るよう紙媒体のコメントカードを使用することとした。コメントの内容については，本単元は，レポートにおける資料の使い方がテーマとなっているので，その点に絞って，取りあげた資料や提示の仕方のよさについてコメントすることで，自分のレポートに対する自己評価を促すことができる。

授業技術アップのヒント

　書くことの共有で重要なのは，まずは子供たちにとって新鮮な気分で自分が書いたものを読んでもらう場をつくることである。発表に際してモチベーションを上げることが欠かせないが，それは場を設定するだけでなく，場を盛り上げる教師の雰囲気づくり，言葉がけによって実現するのであり，そこに授業技術が働くのである。

第4章　「書くこと」の授業技術　125

11. 振り返りのための技術

技術1 隣同士のペアで1時間の内容をおさえる
技術2 よかったことだけでなく，ささいなことでもよいので気づいた
ことに注目させる
技術3 次の学びにどう生かせるかを考えられるよう振り返りを設定する

　書くことの振り返りの特殊性とは何か。1時間の授業で何を学んだかを振り返って記述するのなら，他の領域の振り返りと変わらない。書くことの学習のプロセスは，題材決定→情報収集→構成→考えの形成・記述→推敲→共有という文章作成のプロセスと重なる形になっている。それゆえ，1時間1時間のつながりが重要で，それを意識させることが書くことの振り返りのポイントであると言える。子供たちは，各時間の学習の意義についてそれなりに重要性を理解し，技能を身につけており，そのことの振り返りもしているだろう。しかし，学んだことの関連づけ，連携については十分とは言えず，プロセスの要素同士の相乗効果を生むまでには至っていないのが現状である。

　振り返りは，1時間の授業の終わり，まとめであるとともに，次時の学習との「つなぎ」の役割を果たすものでもある。特に，各時間のつながりが重要となる「書くこと」の学習活動において，振り返りがそのための機能を発揮することで，単元全体の学習の質自体の向上を期待できる。

技術1　隣同士のペアで1時間の内容をおさえる

　まずは，振り返りは個別でという既成概念を一度リセットしてみよう。ペアでの振り返りを取り入れたい。振り返りは，今日の学習を見なおし，学びにどんな意味があったかを価値づけるものであり，より広い価値観で授業を見なおすことで価値づけもより豊かなものとなる。例えば，今日の学習がうまくいかなかった子供が一人で振り返りを行えば，否定的な振り返りに留ま

ってしまうが，他者から見れば課題が浮き彫りになり，次時以降の学習で解決したいことが見える有効な時間だったと肯定的に捉えることにつながる。

技術❷　よかったことだけでなく，ささいなことでもよいので気づいたことに注目させる

　書くことの振り返りは各時間の工程を追っていくので，振り返りをすると自然と「調べ学習がうまくできてよかった」「構成でうまくできなかった」という結果の善し悪しに終わってしまいがちである。そこで，情報収集や構成，記述，推敲などのプロセスに目を向けさせたい。そうすることで，それぞれの工程での自分なりのコツや課題を見つけることにつながる。

　具体的な言葉がけとしては，「うまくできたことだけでなく，うまくいったのはどうしてか，他の友達から得たヒント，うまくいかなかったことについては，なぜ失敗したかを考えて書けるとよいですね」のように，より具体的な視点を示したい。このことは，「技術1」にも「技術3」にも当てはまる。

技術❸　次の学びにどう生かせるかを考えられるよう振り返りを設定する

　書くことでは，つながりをつくれないと結局記述の場面だけが強調されることになる。書ける授業にするためには，つながりを意識させることが欠かせない。ただ，「次の時間に生かせそうなことも書いてね」と言ってもできないので，工夫が必要となる。例えば，次のような視点を示したい。

・本時の活動と次時の活動の関係について考えさせる。「次は構成をするんだけど，どう関係するのかな？」と聞くことで，今日の学習の何が次の活動に使えるかを自分で見出すことになる。

・次時の学習の意味を示し，そのために本時の学習がどう使えるかを考えさせる。情報収集と情報の整理が構成（書きたいことの順序を簡単に書く）する上でどのように役に立つかを考えることで，構成への視点が生まれる。

第4章　「書くこと」の授業技術　127

授業技術の活用場面（中学1年）

○単元名：資料を活用してレポートを作成しよう（本時：3/6時）

○教材名：「根拠を示して説明しよう　資料を引用してレポートを書く」（光村）

○本時のねらい：書きたいことを伝えるために必要な資料を取捨選択し，効果を考えて構成をすることができる。

学習活動	留意点等
1　本時のめあてを確認する。 　どの資料が必要かを考えて，構成をしよう。 2　調べたことのなかから必要な資料を選び出す。 ・前時までにまとめた資料（カード）について，取捨選択する。 3　構成表にまとめる。 ・カードを並べ替える。 ・大まかな構成を構成表に記入する。 4　構成表を基に，ペアでスピーチする。 ・どのように話すかを考える時間をとる。 ・隣同士でペアになり，順にスピーチ形式で説明する。 ・感想を伝える。	・必要であれば，前時までの進捗状況等を確認しておく。 ・手順を簡単に示してから始めるようにする。 ・自分の言いたいことの中心を意識して取捨選択するよう伝える。 ・具体的な資料の内容などは書かず，見出し程度に表記するようにする。 ・まずはスピーチという形にすることで，自分の伝えたいことを明確にさせたい。 ・感想は，言いたいことがうまく伝わってきたかを観点にする。
5　振り返りをする。 ・構成をして気づいたこと，よかったことを隣同士のペアで短時間で話し合う。 ・次時の記述に向けて，構成をどう生かしたいかをノートに振り返りとして書く。	・振り返りの前に，1時間を総括する形で自由に話し合う時間をとる。 ・本時の活動がどう生かせるかを振り返りの観点とする。

授業技術活用のポイント

　この授業は，前時に行った調べ学習で得た資料から必要なものを選び，それらを組み合わせて筋道立ったレポートにする構成を行うものである。そのために，カードを使っての並べ替えやペアでのスピーチなどによって，自分の伝えたいことをどう組み立てるかを主体的に考えられるようにしている。

　構成を経て記述をする場合によく起こる問題として，構成の意図を記述に生かすことができていないこと，構成表の文言をそのまま写してしまうことが挙げられる。これは，構成が記述につながっていないことが原因であり，構成が記述のためのモチベーションになっていないことを示している。

　そこで，本時と次時をつなぐ振り返りを行う。まずは，ペアでの総括的な振り返りを行うのだが，フリートークにしてしまっては，焦点化された話し合いにならない。そこで，「気づいたこと」を何でもよいので出すように指示する。それを踏まえて「構成することのよさは何か」を話し合わせる。「気づいたこと」を基盤にすることでより具体的に構成することのよさを見出すことができる。短時間だが，この活動が次の書く活動に生きる。

　次に，見出した「よさ」を記述に生かすことを考えながら，次の記述への向かい合い方を振り返りとして書くようにする。構成モードから記述モードへの移行を促すことがポイントである。授業の終わりに，子供たちが「早く書きたい」という気分になっていることが望ましい。そのために，今日の学習が次につながることを意識させることに力を注ぐことが重要である。

授業技術アップのヒント

　書くことの学習では，毎時のつながりの重要性を教師自身が強く意識することで，よりよい手立てを用意することができるようになる。特に振り返りは，本時のまとめをするだけでなく，次の学習への意欲をもてるように促すことが重要と考え，「子供をその気にさせる」振り返りの記述の設定をしよう。漫然と指示すれば，子供も漫然と作業するようになるのである。

第5章 「読むこと」の授業技術

1. 課題把握・見通しをもつための技術

技術1　初発の感想からキーワードを捉え，物語の要点をおさえる
技術2　グループで問いについて一度話し合い，課題意識を高める
技術3　「文章理解のために考えたい問い」はどれかを考えさせる

　子供たちが日頃から行っている読書では，何度も詳しく読み返したり，他者と検討を重ねたりする機会は決して多くない。よって授業における「読むこと」の学習課題は，教材文を繰り返し読む必要性を感じ，他者と学び合う意欲をもてるものでなければならない。現在多くの教室で指導書や学びの手引きに準じた課題が提示されているが，果たして子供たちはどれだけ文章に向き合い，学び合う意義を感じられているだろうか。また，その課題で主体的な学び手としての力はどれだけ育っているだろうか。

　本稿では，子供たちが教材文に主体的に向き合い，学び合うことを目指して物語を例に「問いづくり」と「全体共有する問いを選ぶ過程」について記述する。しかし，問いづくりを取り入れることには，常に国語科としての目標が達成されないリスクが伴う。子供たち主体の学習と学びの質を両立するにはどのような教師の働きかけが必要か。以下に3つの授業技術を述べる。

技術1　初発の感想からキーワードを捉え，物語の要点をおさえる

　子供たちの感想は，山場や展開のきっかけ等物語の要点に関わる記述が多い。1つ目の技術は，感想の共有を通してこれらの記述から物語の要点をおさえる技術である。要点を理解してから問いを作ることで，学びの質が高まりやすくなる。感想から物語の要点をおさえるには，板書で物語の場面や人物関係等の構造を示し，それに合わせて感想を整理する。すると，感想がある程度物語の山場や大きな展開のある場面に集約される。ここから重要な出

来事や物，人物等をキーワードとしておさえることで，物語の大体をつかむことができる。なるべく多くの場面や出来事に触れるためには，「心に残ったところ」など観点を設定し，項目分けしながら複数記述させるとよい。

技術❷　グループで問いについて一度話し合い，課題意識を高める

　物語の要点を共有した後に問いを作っても，まだ子供たちにとっては「作ってみた」だけの状態で，本当に「考えたい」問いになっていないことも多い。2つ目の技術は，課題意識や主体性を更に高めるための技術である。

　まず，全員の作った問いを一覧にしてグループで話し合う時間をとる。話し合うなかで，すぐに答えが出るもの，考えてもわからないものやもっと考えたり話し合ったりしたいものはどれかを考えさせる。多過ぎる問いは混乱を招くため，物語の要点に沿って分類整理したものを提示することをおすすめする（時間があれば，子供たちに分類整理させてもよい）。また，ある程度問いについて考えられており，「もう少し考えたい」「もっといろいろな意見を聞いてみたい」という状態を見極め，全体共有する問いを選ぶ過程に進むことがその後の読解，学び合いへの意識を高めることにつながる。

技術❸　「文章理解のために考えたい問い」はどれかを考えさせる

　問いのなかには，根拠のない想像に偏り，国語科として意味のある学習にならないものも多い。3つ目の技術は，文章を基にした深い学び合いにつながる問いを選び，学びの質を高めるための技術である。

　問いを選ぶ際に大切にしたいのは単元目標である。単元目標には様々な形があり，子供たちが意識するゴールも多様である。しかし，「物語をより深く読めるようになっている」状態はどんな単元目標にも存在する。「どの問いについて考えれば，より文章への理解が深まるか」を意識させることで，子供たちの選ぶ問いが，ただ「考えたいもの」から「文章理解のために考えたいもの」になり，深い学び合いにつながりやすくなる。

第5章　「読むこと」の授業技術　131

授業技術の活用場面（小学４年）

○単元名：ごんぎつねのみ力をしょうかいしよう（本時：2・3/12時）
○教材名：「ごんぎつね」（共通）
○第２時のねらい：物語の大体をつかみ，問いを作る。

学習活動	留意点等
1　単元目標を確認する。 2　本時のめあてを確認する。 　物語のよう点をつかみ，問いを作ろう。	・目的意識をもってこの後の学習に臨めるようにする。 ・感想の交流を通してつかんだ要点を基に問いを作ることを伝える。
3　感想を場面ごとに整理しながら共有する。 ・重要な出来事や行動について考える。	・感想が集中したところを中心に要点を確認する。
4　グループで問いを作る。 5　次時の見通しをもつ。	

○第３時のねらい：問いを共有し，学習計画を立てる。

学習活動	留意点等
1　グループで作った問いと，全員の作った問いを整理したものを確認する。 2　本時のめあてを確認する。 　みんなで考える問いを選ぼう。	・興味がある問いはどれかをペアで話し合わせ，考えたり，話し合ったりする意欲を高められるようにする。
3　問いについてグループで話し合う。 4　単元目標を確認し，全体で考えたい問いを選ぶ。	・多くの問いに触れられるように促す。 ・物語への理解が深まる問いを考えさせる。
5　学習計画を確認する。	・次時の問いを確認する。

授業技術活用のポイント

　この活用場面では，第1時で初読の感想を記述した状態から，全体共有する問いを選ぶまでの概要を記述している。前提として，第1時では「ごんぎつねのみ力をしょうかいしよう」という単元目標を設定し，より物語について理解した上で魅力を伝えるために問いづくりをすることを伝えたこととする。

　感想を整理する場面では，短冊などに書かせて黒板に全員分貼り出すことで，子供たちの印象に残った場面（多くの場合物語の重要となる場面）が視覚的にわかりやすくなる。おさえたいところが多過ぎると子供たちから引き出すのも授業時間も苦しくなってくるので，5点前後に絞って大まかに流れをつかませるつもりでよい。これだけでも問いの質は上がってくる。

　グループで話し合う際は，学級みんなで考えたい問いを選ぶという目的を初めに確認する。グループで様々な意見が出た場合も深掘りし過ぎず，様々な問いに触れるよう促すとよい。ここでは，子供たちが「もっとみんなで考えたい」と心から思える問いを見つけられることを大切にしたい。

　全体で考える問いを選ぶ際には，「物語をより深く読む」ことを上位目標として意識し，そのために「もっと友達の考えを聞いてみたい」「物語の大切な部分に関わる」「書かれていることで解決できる」問いを選ぶようにする。全体では選ばれなかった問いも，単元の終盤に自分で考える時間を確保することで，個の興味・関心を蔑ろにせず学習を進めることができる。

授業技術アップのヒント

　問いづくりは積み重ねが重要と言われる。それは子供も教師も同様である。思うように進まなくても，問いに関連づけて後から発問を投げかけるなどの軌道修正はできる。まずやってみて，目の前の子供たちに合った方法を模索することが授業技術向上につながる。また，経験豊富な子供たちなら物語のおさえを子供主体のグループ活動にする，初めてなら問いの型を示すなど，実態に合わせて委ねるべきか導くべきか見極めることが大切である。

第5章　「読むこと」の授業技術

２．構造と内容の把握のための技術

技術１　「題名読み」で文章の大体を予想してから読む
技術２　全体→部分の順で内容を捉える
技術３　問いを解決する時間を単元の序盤，中盤，終盤で設ける

　構造と内容の把握と言っても，説明的文章か文学的文章かによって，何を把握するのか，どのように授業を進めるのかは当然異なるが，共通して大切なことは，まず「大体を捉えること」であると考える。国語科学習指導要領の第１学年及び第２学年の「構造と内容の把握」の目標は，説明的文章，文学的文章共に「大体を捉えること」となっている。これは第３学年以降の構造と内容の把握においても基礎となるものである。

　稿者自身が小学生の頃そうであったように，読むことが苦手な子供にとっては，教材文の範読を聞いたり，自分で音読したりしても，一体どんな話が書かれていたのかが頭に入ってこないことがあり得る。自身の経験から振り返って，なぜこのような状況が生まれたのか考えてみると，「文字は読めても文脈が読めていないから」という理由が挙げられる。

　日常の読書でも，どんな分野の本なのか，どんな題名・章なのかもわからなければ，文章の内容が理解し難いはずである。大人も，読書するときには題名や目次を基に「こんなことが書いてあるのだろう」とある程度の内容を把握したり予想したりしてから読むことで，細かな内容が理解しやすい。国語学習においても同様に，「構造と内容の把握」の段階で，内容の大体を捉えることで，後の「精査・解釈」も容易になると考える。

技術１　「題名読み」で文章の大体を予想してから読む

　本文を読む前に題名から本文の内容を予想する「題名読み」は広く行われ

るようになっているが,「とりあえず初発の感想を書かせる」と同じように「とりあえず題名読みをする」となってしまっては当然意味がない。ここでは,「文章の内容を捉えやすくする」という意図で題名読みを活用したい。

例えば,「すがたをかえる大豆」(光村図書, 3年) で,「大豆がすがたを変えた食べ物って何があるかな?」と問う。すると子供から様々な事例が出される。その後, 本文を読むことで, 子供は「予想したものは出てくるかな?」「何が出てくるのかな?」という思いをもちながら自然と事例を見つけようとする。

技術❷　全体→部分の順で内容を捉える

初発の感想を書かせ, その後いきなり1場面や1段落から順番に細かく区切って読むという単元構成が散見されるが, まずは文章の大枠を捉える段階を単元の序盤に取り入れたい。説明的文章であれば,「問いと答え」を見つける→「はじめ・中・終わり」に分ける→事例を見つけるのように, 大きな枠から徐々に細かな枠に焦点を絞っていく。文学的文章でも同様に, 中心人物が物語のはじめと終わりでどのように変わったのか→そのきっかけになった出来事 (事件) が何か→それぞれの場面の様子のように, 物語の大まかな流れをつかんでから細かな場面の読み取りというような単元構成にする。

技術❸　問いを解決する時間を単元の序盤, 中盤, 終盤で設ける

単元の初めに問いづくりをすると, 語彙に関する問いや, 文章に既に答えが書かれている問いが出てくることがある。読み深めていくためには物足りない問いではあるが, そのような問いを出してくる子供は, その程度しか読めていないということである。単元の序盤にすぐに解決できる問いについて解決しておくことで, 内容を把握できていない子供の理解を促すことができると考える。精査・解釈や考えの形成につながる質の高い問いは, 単元の中盤, 終盤に問いづくりをする場面を設けて練りあげるなどして生まれるが, 序盤に出てくる問いも子供が内容を理解するためには必要な問いである。

第5章　「読むこと」の授業技術　135

授業技術の活用場面（小学１年）

○単元名：じどう車をくらべよう（本時：1/6時）

○教材名：「はたらく　じどう車」（教出）

○本時のねらい：４つの事例を見つけることができる。

学習活動	留意点等
1　自分の知っている「はたらくじどう車」の名前を挙げる。	・「題名」「筆者」などの学習用語を確認する。 ・挙げられた自動車は，大まかな役割によって分類して板書する。
2　本時のめあてを確認する。 　どんな「はたらくじどう車」が出てくるのかを見つけよう。	
3　教師の範読を聞く。 ・自動車の名前が出てきたらサイドラインを引く。 4　本文に出てきた「はたらくじどう車」をノートに書く。	・範読を始める前に，自分たちが挙げた自動車が出てくるかを確かめる。 ・机間指導をしながら，自動車の名前以外のところにサイドラインを引いている子供がいないか確認する。
5　本文を読んでわからなかったこと（問い）をノートに書く。	・子供の実態によって，「〜って何？」「どうして〜？」など疑問文の例を出す。

授業技術活用のポイント

　本文を読む前に「知っている自動車について挙げる」のは，単に教材への興味・関心を高めることが目的ではなく，「どんな自動車が出てくるのかな？」という思いをもつことで内容を把握しやすくすることが目的である。

　4つの自動車が紹介されているという大枠の構成がわかった後で，次時以降は，それぞれの自動車の「やくわり」と「つくり」が紹介されていることをおさえていきたい。しかし，1年生の場合いきなり4つの事例の書かれ方の共通点を見つけさせようとしても難しいため，まずは最初の「バス」の事例を用いて，一つの事例につき「やくわり」「つくり」「せつめい」の3つの段落で構成されていることを確かめる。その後，他の3つの事例についても同じ構成になっていることを確認し，文章全体の構成を捉えさせたい。そうすることで，2つ目の事例以降は「やくわり」「つくり」「せつめい」が書かれているのだとわかった上で，具体的な説明を読み取ることができる。

　問いづくりについては，1年生の場合，疑問文の形で文を思いつくことが難しい子供もいるため，例を出すとよい。「？って何？」という例を出せば，語彙に関する問いが出てくるであろう。初読でよく読み取れていない子供は，「コンクリートミキサー車って何？」という既に本文に答えが書かれている問いや，「バケットって何？」のように写真を手がかりにすればわかるような問いをもつ。これらの問いが出ることで，教師は子供の読みの実態を把握することができ，子供はその問いの答えを探そうという構えをもって本文を読もうとする。

授業技術アップのヒント

　文章の内容が把握できない子供は，最初から文字を追うことで，1文字ずつあるいは1単語ずつしか理解していない場合があるので，まずは文章の文脈を捉えさせることを優先させる。また，後の授業へとつなげるためにも，構造と内容の把握の時点で，全員が文章の大体を正しく捉えられるようにしたい。

3. 構造を捉えるための技術

技術**1** 間接的な発問で，「事件」・「中心人物の目標」にフォーカスする
技術**2** 「事件」・「中心人物の目標」を学級の共通言語にする
技術**3** 「中心人物の目標」を視点に授業を組み立てる

　「物語の構造を捉える」とは，物語のなかで起きた「事件」によって，どのような「中心人物の目標」が産出され，その目標達成のために物語がどのように展開し，「山場」や「結末」を迎えていくのかを捉える読みである。
　物語の構造を捉える読みにより，様々な学習効果が期待できる。まず，物語を「事件─解決」の枠組みで捉えたり「中心人物の目標」に着目しながら読んだりすることで，読みの視点が増え，子供が物語をより楽しみながら読むことにつながる。次に，構造を捉えることで物語の展開の因果関係を捉えやすくなり，読解力の向上が期待できる。最後に，「解説」にも記載があるように，「事件─解決」の構造を使うことで，物語の読解だけでなく，物語の創作にも活用することができる。
　物語の構造を捉えることの意義は大きい。しかし，構造を捉えること自体を目的にしてしまうと，物語を型にはめるような読みをしてしまったり，教材を分析するような授業になってしまったりするなど，かえって子供の読みを狭くし，読みを楽しむことから遠ざけてしまう危険性がある。ここでは，「事件」と「中心人物の目標」に着目することで，子供が物語を読み深め，読みを楽しむための授業技術について紹介していきたい。

技術**1** 間接的な発問で，「事件」・「中心人物の目標」にフォーカスする

　子供が物語を読み深めていくという目的で授業を展開していくために，直接的な発問ではなく，間接的な発問で迫りたい。例えば「モチモチの木」

（共通，３年）の授業で「豆太にとって一番のピンチは？」と発問する。すると「夜中に一人でトイレに行けないこと」「じさまが腹痛を起こしたこと」など様々な意見が出ることが予想される。そこで「じさまが腹痛を起こさない方がよかったよね？」と揺さぶり発問を投げかければ，子供は「それじゃあ豆太は山の神様のお祭りを見られなかった」「豆太が勇気を出すきっかけがなくなってしまう」と，物語のなかに事件が存在することの効果に気づくことができる。さらに「じさまの腹痛」という事件によって「じさまを助けたい」という中心人物の目標が産出されたことに着目することも容易になる。

技術２　「事件」・「中心人物の目標」を学級の共通言語にする

　「技術１」で述べたように「事件」と「中心人物の目標」を授業で扱った際は，学習用語としておさえておきたい。すると，次の物語単元では，子供が初読の段階で「この物語の『事件』，『中心人物の目標』は何だろう？」という視点で物語を捉えようとするようになる。学習用語としておさえることで，学級の共通言語として位置づき，子供たちが新たな教材と出合ったときにも読みの視点の一つとして活用できるようになるだろう。

技術３　「中心人物の目標」を視点に授業を組み立てる

　「中心人物の目標」が達成されたか，達成されなかったかという視点で物語の読みを深めることもできる。例えば「お手紙（がみ）」（光村図書・東京書籍，２年／教育出版，１年）では「がまくんにお手紙をあげたい」というかえるくんの目標が達成され，物語はプラスで終わる。逆に，「海の命（いのち）」（光村図書・東京書籍，６年）では「仇を討ちたい」という太一の目標は達成されずに結末を迎える。授業では中心人物の目標が達成されなかったことを確認後，「目標を達成できなかった太一は不幸だった？」と発問すれば，子供は「海の命を守ったから不幸ではない」「結婚して子供もできて，太一は幸せになった」などの意見が出されるだろう。そこで，中心人物の目標は達成されないが，プラスで終わるという読みをすることができる。

第５章　「読むこと」の授業技術　139

授業技術の活用場面（小学４年）

○単元名：人物の気持ちの変化を伝え合おう（本時：4/11時）

○教材名：「ごんぎつね」（共通）

○本時のねらい：物語における「事件」に着目することを通して，中心人物
　の心情の変化を捉えることができる。

学習活動	留意点等
1　本時のめあてを確認する。 　ごんにとって，一番悲しかった出来事は何か 　を考えよう。	・間接的な発問で子供の意欲 　を喚起しながら学習に取り 　組めるようにする。
2　自分の考えと理由を書き，発表する。 「ごんがひとりぼっちで暮らしていたこと。さみし かったからいたずらしたんだよ」 「兵十のおっかあが死んでしまったこと。『あんない たずらをしなけりゃよかった。』と反省しているか ら」 「加助が兵十に，『神様にお礼を言うがいいよ。』と 言ったこと。つぐないをしているのに，『こいつは つまらないな。』と思っているから」 3　揺さぶり発問「兵十のおっかあが生きている方 　がいい話になったのではないか？」を考える。 「それでは，ごんは反省しなかったと思う」 「ごんがつぐないをするきっかけにならない」 4　まとめと振り返りをする。 ・「兵十のおっかあの死」が「事件」であり，「兵十 　につぐない」が「中心人物の目標」であることを 　明示的にまとめる。 ・本時の学びを振り返る。	・子供の実態によっては，教 　師がセンテンスカードを用 　意し，出来事を選べるよう 　にする。 ・答えを一つに決めることが 　目的ではなく，妥当性を検 　討することを通して読みを 　深めることが目的であるこ 　とを確認する。 ・誤った解釈を投げかけ，物 　語で起こった「事件」の意 　味や効果について考えられ 　るようにする。 ・兵十のおっかあの死という 　「事件」によって，ごんの 　「つぐないをしよう」とい 　う気持ちの変化を捉えられ 　るようにする。

140

授業技術活用のポイント

　この１時間の授業の流れは，子供が「事件」と「中心人物の目標」という読みの視点と初めて出合うことを想定している。

　「事件」，「中心人物の目標」という言葉を最初に教師から教え込んでしまっては，子供が読みを深めることにはつながらない。また，物語で「事件」が起こる効果を実感することもできない。そこで，子供と共に物語を読み深めることを通して「事件」の効果を感じられるように，間接的な発問や揺さぶり発問で子供に考えさせていきたい。さらに，「事件」があったから登場人物の気持ちや心情が変化し，「中心人物の目標」が生まれてきたことにも着目できるように授業構成・授業展開を工夫していくとよいだろう。

　稿者が以前，このように物語の構造を捉える授業をした際，ある学級の子供からは「中心人物の目標」ではなく「中心人物の願い」という言葉が出された。そこで，その学級では「中心人物の願い」という言葉を使うようにした。子供が今後，読みの視点として活用できるようにするためには，このように子供から出た自然な言葉を学習用語として使うとよいだろう。

授業技術アップのヒント

　教材研究レベルで教師自身が「事件」や「中心人物の目標」という読みの視点をもち，物語の構造を捉えておくことは大切なことである。ただし，実際に授業で扱う場合は，子供の実態や身につけさせたい資質・能力等をよく吟味し，教材の特性に合っているかを見極めてから行う方がよいだろう。

参考文献：阿部昇（2020）『増補改訂版 国語力をつける物語・小説の「読み」の授業―「言葉による見方・考え方」を鍛えるあたらしい授業の提案―』明治図書，内田伸子（1986）『ごっこからファンタジーへ　子どもの想像世界』新曜社，桂聖ほか（2018）『「めあて」と「まとめ」の授業が変わる「Which 型課題」の国語授業』東洋館出版

第5章　「読むこと」の授業技術　141

4. 精査・解釈のための技術[1]
話し合いをつくる

技術❶ 選択肢を設けて考えを深める
技術❷ 意見の変容を促すよう仕掛ける
技術❸ 自分に適した表現方法を選ぶ

　「読むこと」の精査・解釈において，子供が越えるべき課題が３つある。１つ目は，本文の叙述に対する自分の考えをもつこと。２つ目は，相手の意見と自分の意見との比較をすること。３つ目は，自分に適した表現方法を見つけることである。

　３つの課題に共通していることは，自分の考え・立場を子供自身が理解しているか否かにかかっているということである。発達段階や学習理解度にもよるが，本文を読んで，自分がどのように精査・解釈をしたのかを言語化することは，子供にとってかなり高次の要求になってしまうことがある。

　今回は３つの課題に対して，子供が自分の考え・立場を明らかにし，表現するための技術を提案したい。

技術❶　選択肢を設けて考えを深める

　この技術は，子供の意見・立場を明らかにするためのものである。

　例えば，「この登場人物がとった行動は，自分のためか，他の誰かのためか」と選択肢を設けることで，まずはどちらかを選択することができる。

　選択肢を選んだ時点で，子供同士で話し合いを創りあげる土俵が出来たとも言える。なぜなら，同じ学習課題に対して，明確な答えをもっているという共通項が生まれるためである。

技術❷　意見の変容を促すよう仕掛ける

　これは「読むこと」における話し合いを，より深化させる技術である。

　子供の発達段階によっては，自分の考えに固執し，相手の意見を受け入れられない場合がある。また影響力の強い子供の発言に流され，多様な意見が出にくくなってしまうことも考えられる。

　これらの問題の解決策として，比較の視点を明らかにすることを提案したい。例えば話し合いが始まる前に，「友達の意見と似ているところ，違うところを探そう」と指示することによって，子供は相手の意見も自分の意見も念頭に置きながら話し合うことができる。その結果，今まで自分にはなかった視点を見つけたり，自分の意見に対してより明確な理由づけをしたりすることが期待できる。

技術❸　自分に適した表現方法を選ぶ

　一つの発問に答える形式にすることで，子供によっては過大な要求になってしまう場合や，表現の幅を狭めてしまう場合が考えられる。

　この問題を解決する技術として，考えさせたい内容を明確にした上で多様な形で考えさせる方法を提案する。例えば説明的文章で，筆者の主張に対する自分の考えをもつ場面で，以下の３つの問いを子供に提示する。

　　Ａ：「筆者の主張に納得するか，しないか答えよう。」

　　Ｂ：「筆者の主張にどれくらい納得したか，１から10で表そう。」

　　Ｃ：「もし筆者にコメントできるとしたら，なんて言うか考えよう。」

　Ａは答え方が単純明快な代わりに，表現の幅は狭まるという特徴がある。Ｂはより精緻な回答ができるが，自分の意見を明確化することが求められる。Ｃは一番自由度が高いが，より高い表現力が必要となる。

　子供はこれらの問いから，自分の意見を表現しやすいものを一つ選ぶことにより，より柔軟に自分の意見を表現することが期待できる。

第５章　「読むこと」の授業技術　143

授業技術の活用場面（小学４年）

○単元名：思いを見つめよう（本時：6/8時）

○教材名：「一つの花」（共通）

○本時のねらい：作者が「一つの花」という題名に込めた思いについて，自
　　分の考えをもつことができる。

学習活動	留意点等
1　本時のめあてを確認する。 作者が「一つの花」にこめた思いを考えよう。 2　まず，今考えていることをノートにまとめよう。	・物語には「一つだけ」という言葉が何回も出ているが，「一つの花」という言葉は一度しか出ていないことを確認する。
3　3つの問いのなかから，自分が考えたいものを選び，深める。 ・以下の3つの発問から，より自分が考えたいものを選ばせる。 A「『一つの花』と『一つだけの花』は同じですか。違いますか。」 B「『一つだけの花』では，作者の思いはどれくらい伝わると思いますか。」 C「もし『一つだけの花』だったら，どんなお話になると思いますか。」 ・グループで自分の考えを交流する。	・どれを選んでも，めあてに迫れることを確認し，それぞれの発問の特徴を子供に説明する。 ・別のものを考えたい場合は，変更・追加してもよいこととする。 ・グループ交流は，まず同じ問いのグループで話し合い，その後，生活班で考えを共有する。
4　全体で交流する。 5　本時の授業を振り返る。	・全体交流でも，友達の意見の相違点と共通点に着目させる。 ・次時の見通しをもつ。

授業技術活用のポイント

「読むこと」の単元における精査・解釈の場面では，子供が内容を理解した上で自分の立場・考えを明らかにできるかが大きなポイントとなる。そのため，自分の考えを友達と交流して，意見を変容させていく過程は，欠くことができないものである。

しかし実際に話し合いを行うと，教師が投げかけた発問が，子供によっては過大な要求になってしまう場合や，逆に表現の幅を狭めてしまって窮屈に感じてしまう場合があるという問題が発生する。その結果，能力が高い一部の子供だけが活躍するような授業になり，子供によっては，精査・解釈に至らなくなってしまう恐れがある。

この状態は，山登りを想像するとわかりやすいのではないか。山登りには，目的地があるため，どの方向に進めばいいのかが明確に示されている。また初心者向けのコースもあれば，上級者向けのコースも存在する。どのコースを選んでも目的地には到達することができるが，自分に適したコースを選択することで，山登りをより楽しむことができる。それを一つのコースのみに限定してしまうとどうなるか，想像に難くないだろう。

「読むこと」の精査・解釈の場面でも，これと同じことが言えるのではないだろうか。自分の考え・立場を明確にし，自分に適した表現方法を選ぶことで，より柔軟な精査・解釈を行うことができる。更に他者の意見との比較を通して，より深い学びを促すことができる。

近年，個別最適な学びの重要性が叫ばれているが，その視点においても今回提案した技術は大きな意味をもつと考える。

授業技術アップのヒント

子供の特性や発達段階は，千差万別である。そのため，授業内で子供理解を適切に行うことが重要になる。その上で一つの目標に対して，どのような問い方が考えられるかという視点で，教材研究をすることが大切である。

第5章 「読むこと」の授業技術　145

5．精査・解釈のための技術②
画像検索でイメージ化を促す

> 技術❶ 内容と構造を把握させてから，表現に着目させる
> 技術❷ 画像検索をかけ，自身のイメージに合った画像を探す
> 技術❸ 協働学習支援ツール等を使用し，画像を共有する

　GIGA スクール構想の開始により，１人１台のタブレットが各校に配備され，学習が進められるようになってから早くも５年が経過した。タブレットについて様々と議論されるなかで，タブレットが効果的に活用できる学習範囲と，そうではない学習範囲も明らかになってきているように感じる。

　田中（2021）はタブレットの教育機能別に整理した育成を図る資質・能力として，可視化機能，個別化機能，共有化機能，深化機能，活性化機能の５つを挙げている。そして，これらの機能を，学習指導要領に定められた目標を達成するために上手に使いこなすことが大切であると述べている。

　国語科においても，同じことが言える。活動が楽しいだけで終わるのではなく，学びのある学習活動を行わねばならない。

　ここでは，国語科の読むこと単元において，タブレットの画像検索機能を活用することで，子供一人一人の読みがより深まる指導技術を紹介する。検索した画像を，協働学習支援ツールを利用して共有する活動までを一通り行うことで，田中の述べる５つの教育機能を全て満たした上で，「叙述・描写を基に考える」「表現の効果を考える」という国語科の教科目標にも迫ることができると考える。

技術❶ 内容と構造を把握させてから，表現に着目させる

　まずは，文章の内容をしっかりと読み込ませることが大切である。子供の

思考は，内容の理解から文章表現に向かうのが自然な流れと言える。文章を読み進めるなかで，「この言葉ってどういう意味だろう」「この表現っておしゃれだなあ」と子供自身が文章表現に気になることを見出すタイミングで，教師の側から画像検索を促すことができると理想的である。もちろん教師の側が，教材研究を行って注目させたい表現を明確にした上で，教師主導になり過ぎないように上手に学習活動を展開するようにしたい。

技術❷　画像検索をかけ，自身のイメージに合った画像を探す

自分が気になった表現が見つかったり，学級で具体的なイメージが湧かない言葉が見つかったりした場合に，画像検索をかけるようにする。この場合教師・子供のどちらの側から行ってもよいが，多様な画像の検索結果が予想される場合は，子供に検索させた方が読みの広がりが期待される。

例えば，「大造じいさんとガン（がん）」（共通，5年）において，「俵」と検索しても検索結果は同じようなものが表示されることが予想されるが，「東の空が真っ赤に燃えて」という情景描写を検索すると，検索結果は一つでないことが予想される。そのズレを生かして交流することで，一つの表現に対しての子供の読みが更に深まると考える。

技術❸　協働学習支援ツール等を使用し，画像を共有する

画像を一つ選んだ後は，協働学習支援ツール等を利用し，それぞれの画像を共有する。その際，なぜその画像を選んだかを明確に説明できるようにする。そうすることで，同じ表現を選んだのに違う画像を選択した子供同士に表現に対するイメージの違いを話し合わせることができる。その後，個に戻し，お気に入りの表現についての考えをまとめさせる。表現のよさについて視点を絞って書かせると，学習の理解度がわかりやすいのである。

第5章　「読むこと」の授業技術　147

授業技術の活用場面（小学5年）

○単元名：表現のよさを感じよう（本時：5/7時）

○教材名：「大造じいさんとガン（がん）」（共通）

○本時のねらい：一番お気に入りの情景描写を選び，そのよさについて考えることができる。

学習活動	留意点等
1　本時のめあてを確認する。 　　一番お気に入りの情景描写を見つけよう。	
2　お気に入りの情景描写にサイドラインを探しながら，本文を通読する。	・センテンスカード以外の表現を選んだ場合もそれを認めるようにする。
3　情景描写のセンテンスカードを提示し，そのなかからお気に入りを選ぶ。	
4　選んだ情景描写について，画像検索をかけ，自分のイメージに合った画像を1枚保存する。	・やり方がわからない子供には声をかけ，フォローするようにする。
5　協働学習支援ツールを利用して，画像を共有する。 ・級友がどんな画像を選んだかを共有画面で見るように促す。	・画像を選んだ理由も交流するようにする。
6　学習のまとめを行う。 ・自分の言葉で，情景描写のよさをまとめる。	・「情景描写はあった方がいいかな？」と問いかけ，よさをまとめさせる。

148

授業技術活用のポイント

　ここでは，「大造じいさんとガン（がん）」の実践を例として紹介する。この授業は，本文の読み取りを一通り終えた上で，情景描写の効果やよさについて理解を深めることをねらいとしている。

　第2次の単元の後半，お気に入りの情景描写を一つ選ぶ学習活動を行った上で，「実際に，自分の選んだ情景描写のような景色を見たことがある人はいるかな？」と投げかけてみると，子供の手はあまり挙がらないことが予想される。そこでタブレットを使い，その個人のイメージに合った画像検索を行うようにする。例えば，「東の空が真っ赤に燃えて」と検索すると，実際に燃えるような赤い空の画像が何枚も表示される。そのなかから，自身のイメージに合ったものを1枚選び，保存するようにする。

　画像を一つ選んだ後は，協働学習支援ツール等を利用し，それぞれの画像を共有する。その際，なぜその画像を選んだかを明確に説明できるようにする。そうすることで，同じ表現を選んだのに異なる画像を検索した子供同士に表現に対するイメージの違いを話し合わせることができる。その後，個に戻し，お気に入りの情景描写のよさについての考えをまとめさせる。

　教師は，情景描写のよさについて書かせた学習のまとめを評価し，フィードバックをすることで，学習内容の定着を図っていく。

授業技術アップのヒント

　この単元では，学級全体で画像検索に取り組んだが，今後学んでいく文学単元では，気になる表現について自分でタブレットの画像検索を活用しつつイメージを膨らませて読む行為も認めていきたい。一人一人の読みがより深まり，その先に，日々の読書にもよい影響をもたらすことを期待したい。

参考文献：田中博之（2021）『GIGAスクール構想対応　実践事例でわかる！タブレット活用授業』学陽書房

6．精査・解釈のための技術③
描写で読む

> 技術**1** 練習教材を用いる
> 技術**2** 切り口を工夫する
> 技術**3** 学びの目的を子供から引き出しておく

　物語文を読解していくためには，繰り返し文章を読む必要がある。「更に読みを深めよう」「もっと詳しく読んでみたい」と，子供が意欲を維持しながら学習を進めるためには，何が必要だろうか。教科書の朱書きを見ると，描写に「○○という様子に気づかせたい」と書かれていることがある。しかし，当然ながらこのようなことを子供たちに一つ一つ説明をしたり，直接的に投げかけたりして気づかせたりする指導は，時間的にも子供たちのモチベーション的にも厳しいところがあるのが現実である。では，そのような表現の奥深さに子供たちが自ら気づき，楽しみながら読みを深めていくためにはどうしたらよいのか。その技術について，述べていく。

技術**1**　練習教材を用いる

　文学教材を学んでいく上で文章を繰り返し読んでいく必要がある。しかし，教科書は日本語で書かれており，多くの子供にとっては，内容が何一つつかめないということはない。そのため，「もっとわかろう」というやる気を起こすのが難しい。まずは，「一度読んだだけでは，わからないことが多い」ということを子供たちに気づかせる必要がある。そのために，簡単な文章で読みが深まる体験を取り入れたい。その際に用いる文章はできるだけ短いものがよいだろう。稿者が授業で用いたのは『もしもしお母さん』（東京書籍，1986年）である。この物語では，母猫が離れ離れになった子猫たちと電話を

する様子が描かれている。一読させた後で，母猫の様子を示した描写から気持ちを読ませていく。そうすると，子猫たちにかける言葉がそれぞれ違っていることから，一読後には読み取ることのできなかった読みの深まりを捉えることができるようになった。このような簡単な物語での「読みの練習」を行うことで，文章を大切に読み解こうとする姿勢が育っていく。ただし，ここでいう読みの練習とは，あくまでも「読み深めると，物語って面白い」と感じさせることに目的があり，「このように読みなさい」と，子供の読みを限定させるようなものではない。

技術❷　切り口を工夫する

　描写から想像して読みを広げさせたいとき，直接的に「どんな様子が想像できるか」子供たちに投げかけても，興味を引かないことが多くある。特に，平和教材など，時代背景的に自分に引き寄せて読みにくい教材もなかにはある。そのようななかでも子供たちに興味・関心をもたせるためには，作者の立場に立って表現を吟味させることが有効である。例えば，「たずねびと」（光村図書，5年）では，作者が広島出身なのに，中心人物は「隣の県出身」という設定になっている。この事実について「どうしてこのような設定にしたと思うか」ということを発問すると，大概「戦争の悲惨さを伝えたかった」という意見が出てくる。その根拠について，問い返しを行っていくと，描写にたどり着く。そこから，中心人物の心情に迫っていくと，子供たちが自ら描写に着目して教材を読み深めていくことができる。このように，子供が自分の経験に引き寄せて読みにくい教材に対しては，角度を変えて考えさせていくことが大切だと考える。

技術❸　学びの目的を子供から引き出しておく

　単元を通して，何を学ぶのか明確にしておくことは子供の読みへの意欲を高める。なかでも，子供が自ら「やりたい」と感じた活動に意欲的になるものである。以下に詳しく述べていく。

第5章　「読むこと」の授業技術　151

授業技術の活用場面（小学5年）

○単元名：登場人物の心情の変化に着目して読み，物語のみ力を伝え合おう

（本時：6/6時）

○教材名：「大造じいさんとガン（がん）」（共通）

○本時のねらい：物語の魅力が表れている文を見つけ，自分なりの考えをもつことができる。

学習活動	留意点等
1　本時のめあてを確認する。 　　物語のみ力をまとめよう。	・前時までに学習したことを復習しておく。 ・書き方の例を基に，活動の趣旨を説明する。
2　端末に，自分の考える物語の魅力を書き込む。 ・情景描写，山場など，この物語で学習したことを基に魅力が隠れている文章を本文から見つけ，そう考えた理由も書く。	・自由な発想で魅力を出し合えるような雰囲気をつくる。
3　自分の見つけた魅力について紹介を行う。 ・魅力が隠れていると考えた文と，その理由を紹介する。	・友達の意見を聞き，更に書き足す時間を設けることを伝えておく。
4　付け足しをする。 ・友達の意見を聞いて，更に見つけた魅力について書き込む。	・中心人物の心情を場面ごとに比較しながら考えられている子供を価値づける。
5　振り返りをする。 ・今日考えたことについて端末に書き込む。	・友達の意見を聞いて考えたことなども書き込むよう伝える。

授業技術活用のポイント

　この授業は，前時までに行った学習を総動員させて自分で考えるということがポイントである。文学教材を読んでいくにあたって，「読んだことが生きる」場面を設定しておくことが，子供の読みに対する意欲を継続させる上で必要だという立場から考えた実践である。この単元では，導入でこの作品が教科書会社に載った時期や，多くの教科書会社がこの作品を取りあげていることを子供たちに伝えた。子供たちからは「きっと魅力があるから，ずっと教科書に載り続けているはずだ」という反応が出てきた。そのため，「単元の最後では魅力について考えをまとめられるようになるといいね」と，単元末の活動を意識させて学習を始めた。このように，子供から単元末でやりたいことを引き出しておくと，自然に描写などの表現の工夫に着目して学習を進めることができる。また，1時間の授業のなかで提示する課題に比べて，単元で考えていくべき課題も明確になり，読みを積み重ねていく意識をもつことができる。本時の留意点にも記したが，深い読みが出てきたら，紹介をする活動を取り入れる。そうすることで，子供たちが具体的に根拠や考えについてイメージがもてるようになる。その結果，文章を基に考えるよい読みが広がっていく。今までの学習を基に考えることができていたり，自分なりの考えを見つけられたりした子供たちは時間を忘れて物語の魅力を書き出すようになる。やはり，教師が与える課題よりも，自分たちで設定した課題の方が意欲的に取り組むものである。単元末の活動を子供たちから引き出し，読みが生きる学習を目指したいと考える。

授業技術アップのヒント

　描写を読む必要性を子供に感じさせることがポイントである。上に述べた技術はどれも，それを生み出すための手立てである。できる限り直接的な問いを避け，子供に描写を読み深める必要性を感じさせるか試行錯誤することが授業技術アップのヒントであると考える。

第5章　「読むこと」の授業技術　153

7．考えをもつ・個別解決のための技術

> 技術**1**　めあてや発問の順序と間合い（タイミング）を工夫する
> 技術**2**　「では…」や「だったら…」で，発問につなげる
> 技術**3**　「うながし(ひろげる・ふかぼる)」のバリエーションを活用する

　授業の導入段階で見られる場面を例に考えてみよう。
　A：「『お手紙』という物語に入ります。めあては『登場人物の心情を考え
　　　よう』です。」
　B：「ここに挿絵があります。比べてみましょう。何が違いますか？」
　C：「そうですね。次にいきましょう。」
　上述の教師の指導言（指示／発問／説明）は確かに端的だが，これらには，
本書第1章（20頁）で論じたように，子供側の論理「問い（なんで？／どう
いうこと？）」「興味／関心（面白そう！）」「学習意欲（やってみたい！）」
「学びの必然性（なぜ，何のため？）」への心遣いが見られない。教師の授業
技術により，子供側の論理を教師側の論理につなげ，子供にとっての「学び
の文脈」をつくることが要請されるところである。

技術**1**　めあてや発問の順序と間合い（タイミング）を工夫する

　上述の例で言うと，教師の「…しましょう」という指示で促す活動に価値
があったとしても，子供の論理や学びの文脈が考慮されていない。「めあて」
や「学習課題」の提示でも同様である。教師が「しかける」前に，どう「た
がやす」のか。ここに関わる授業技術として，めあてや発問を出す「順序」
や「タイミング」を工夫したい。まずは，子供の内面に「どうして？」や
「やりたい！」という情的反応を促してから，これから行う学習の「めあて」
や「発問」の提示が重要である。もちろん，「何のために」「何を／どのよう

に」学習するのかを共有できれば，授業の冒頭で提示してもよい。

技術❷ 「では…」や「だったら…」で，発問につなげる

　教師と子供の言葉のやりとりを，誰が中心的に話しているかという観点で，「ターン」に注目して考える。教師からの「しかけ」は，最初の教師のターンで出すのは極力避けたい。しかけるために，まず，「たがやし」のやりとりを進める。子供たちのつぶやきや発言を受け取って，教室全体で共有できてはじめて，しかけるの準備が整ったと言えるからである。ターンが子供から教師に移るとき，子供たちの言葉を受けてから，教師の言葉としては，「では…」や「だったら…」が自然であろう。授業開始直後には出てこない（はずの）言葉である。「考えをもつ・個別解決」が「教師に指示されたから行う」ということから脱却する工夫を思案したい。

技術❸ 「うながし（ひろげる・ふかぼる）」のバリエーションを活用する

・「もっとありそうですか？」

　子供の，「間違えたらどうしよう」や「人と意見が違うこと」への恐怖感や抵抗感を減らし，発言することを励ましたい。

・「今，みなさんは何をしていましたか？」

　子供が自然に（無意識的に）行う活動を捉えて，教師が，「今，やっていたことは，『比べる』ことだ」と教えるために問うことが大切である。

・「今，すごいことつぶやきましたね。（何と言いましたか？）」

　挿絵を見て「気持ちが変わっている…」「何かあったんだよ」という学習内容の深まりにつながるつぶやきが出てきたら，すかさず問い返したい。

・「どこからそう考えたのですか？」

　根拠（本文や写真等，子供の経験や知識）を促す問い返しである。特に，子供の発言が，生活経験に偏ったとき，本文の言葉に還るよう促すことが大切である。根拠が，子供の内面にあるのか，本文の言葉にあるのかを教師が聴き分けることができれば，よい問い返しにつなげることができる。

第 5 章　「読むこと」の授業技術　**155**

授業技術の活用場面（小学2年）

○単元名：物語のみりょくを1年生にしょうかいしよう（本時：1/7時）

○教材名：「お手紙」（光村，東書）

○本時のねらい：挿絵の比較を通して，問いをもちながら本文を読むことができる。

学習活動	留意点等
1　挿絵2枚（がまくんとかえるくんが玄関の前に腰をおろしている場面）を示す。 ・挿絵を比べ，気づいたことを発表する。 ・序盤（二人がかなしい）と終盤（二人がとてもしあわせ）の比較を促す。 2　がまくんとかえるくんの表情や，手の位置やつま先の向きなどを中心に，2枚の挿絵（序盤と終盤）に「変化がある」ことを確認する。 3　2枚の挿絵（序盤から終盤にかけて）の間に何があったのか予想する。 ・「この間に，どのようなことがあったと思いますか？」と問う。	・黒板（スクリーン）に挿絵2枚を並べて示す。教師から直接「比べよう」と言わない。教材名，めあてを伏せておく。 ・「心情の変化」以外の気づきも取りあげる。絵から考えることの価値を共有したい。 ・ねらいは「悲しそう→うれしそう」までの間に，出来事があったことの予想にある。
4　題名を提示し，本時のめあてを確認する。 「お手紙」を読んで，かんじたことやみんなと考えたいことを書こう。 ・本文を読み，初発の感想（感じたことや考えたいこと）を書く。グループ，全体で交流。 5　次時の予告をする。 ・本時で書いたことを中心に学習する旨を伝える。	・挿絵比較→内容予想→本文との出合い，という流れ（学びの文脈づくり）を大切にする。

授業技術活用のポイント

「お手紙」が絵本教材である特性を生かして，導入段階では，「挿絵」から本文との出合いを設計する。教材で使用される挿絵や写真などは，低学年だけではなく，中学年から高学年，中学校段階でも充分活用することができる。学年段階が上がるほど，挿絵からの予想・想像の質が高くなったり，得る情報量が増えたりする。本文（物語や説明的文章）の世界との出合いを意欲的にすることと，本文と挿絵・写真との関わりを考えるきっかけにすることにある。

そこで，上述の学習活動では，めあて提示や発問のタイミングを工夫している。まず，子供の「なんで？」という問いや「読んでみたい」という意欲を大切にして，学びの文脈を作ることから授業を始める。そのために上述の挿絵比較の活動を構想する。「読むこと」の授業で求められる「言葉を大切にしながら，よく考える」ために，まず，「見る」「探す」「気づく」といった行為を大切にしたい。授業技術として，「順序」や「間合い」を工夫する。最初から，教師の用意した発問により思考を促すのではなく，子供の気づきを中心とした発言から教師のねらいに沿った「しかけ」につなぎたい。

本時の教師の指導言は，「何か気づくことはありますか」と「この間に何があったと思いますか」（発問），「では本文を読んでみましょう」と「感じたことを書いてみましょう／皆で考えてみたいことを書いてみましょう」（指示）である。シンプルであるが，子供の気づき（発言やつぶやき）を促す重要な授業技術により学習活動が駆動し，機能することが期待できる。

授業技術アップのヒント

①教材研究を深める技術，②多彩な発問を構想し練りあげる技術，そして，③多彩な発問をよく機能させる技術がある。発問は，子供たちの自己活動（考えをもつ・個別解決）を促しやすいよさがある。このよさを学習に生かすため，多彩な発問を投げかけるだけでなくその発問を考える目的や方法，学びの文脈を言葉にして，順序や間合い，振る舞いにもこだわりたい。

第5章 「読むこと」の授業技術 157

8．読むための書く活動の技術

技術1　吹き出しを活用する
技術2　振り返りの言葉がけで刺激する
技術3　子供同士の教え合いを積極的に行う

　感想や考えを「書ける子」が文章を「読める子」なのだろうか。今までの経験から言えば，それは違う。教師のなかでも，書くことが苦手な子供と向き合い，考えを聞き出すなかで「その考えいいね」と感じた（あるいは，言葉に出して言った）経験があるのは稿者だけではないだろう。とは言え，書くのが苦手ならば，書かずに話し合いをしてみようとするとうまくいかない。それは，子供自身が意見のよりどころに自信がもてず，委縮してしまうことが原因として考えられる。

　要するに，「読むこと」における力を高めるには，読んだり話したりするだけでなく，書くことにより，よりその可能性が広がるのである。

　では，読むための書く活動とは，一体何であろうか。それは，書くことで自分の考えが引き出され，まとめられ，読むことの力につながる学習活動である。何気なくやっている読むための書く活動とは，初発の感想，振り返り，登場人物の気持ちなど，自分の考えを表出するときに用いることが多い。自分の考えを引き出すために書く活動を活用し，それを用いて交流することで，考えが広がり，深まることが期待できる。教師自身は，それを理解していながら，書かせることに苦手意識を感じる人が多い。

技術1　吹き出しを活用する

　読むことの学習課題で最も多いのが，登場人物の気持ちを読み取ることである。そのとき，叙述や行間から読み取った登場人物の台詞のような言葉を

引き出したい。そのために，吹き出しを活用する方法が挙げられる。例えば，挿絵に ⌇▢◁ を書くだけで，子供たちの言葉が引き出しやすい。台詞のような言葉遣い，漫画のような文字の変化を意図的にやっていたとしたら取りあげて共有するのも面白い。吹き出しの形を ⌇◯ に変えるだけで，次は，心内語を引き出しやすくなる。喋っていない場面や行間がある場面にも用いることができる。

技術2　振り返りの言葉がけで刺激する

ほとんどの授業の終末では振り返りが行われている。振り返りの仕方は，様々である。話型を示したり，どんなことを書いてほしいか例示をしたりと，工夫されていることだろう。そのとき，こんな言葉を使うとすらすらたくさん書いてくれる魔法の言葉がある。それは，「先生の耳30個もないからみんなの頑張った話し合い，全部はわからないの。だから，お友達のどの意見でなるほどーって思ったのか，どんなことを考えたのか，詳しく教えてくれる？」と投げかけるだけである。すると不思議とたくさん書いてくれる。ジョークが通じる学年になれば，「ダンボの耳じゃないから」「聖徳太子にはなれないので」といった応用で対応できる。

技術3　子供同士の教え合いを積極的に行う

書くことが苦手な子供に対し，考えを聞き出そうと働きかける教師は少なくないだろう。ただ，どれだけ聞いても返ってこないことがある。そのようなときは，子供に聞き出してもらうと考えが出てくることがある。学習感想などの課題において，早く書き終わっている子供に「友達の方が話しやすいって言ってるからちょっと見てあげて！」と声をかける。すると，言いたいことをうまく引き出し，「それを書けばいいんだ」という思いになり，意外とスムーズに書けるようになる。教師が求めると高尚なことを書かねばならない気持ちになる。「子供同士」をうまく使うことも授業技術である。

第5章　「読むこと」の授業技術　159

授業技術の活用場面（小学2年）

○単元名：音読げきをしよう（本時：3/12時）

○教材名：「スイミー」（光村）

○本時のねらい：出来事や人物の行動を確かめ，様子がわかる言葉から想像
を広げることができる。

学習活動	留意点等
1　前時までを振り返るために，音読する。 2　本時のめあてを確認する。 　スイミーたちがまぐろにおそわれたところを読み，スイミーのせりふを考えよう。	・物語の内容を確認するために音読する。
3　一人ぼっちになったスイミーの行動を想像する。 ・色塗りをしながら考える。	・挿絵の色塗りをすることで，場面の様子について想像を膨らませる。
4　スイミーが言っていたことを想像し，ワークシートに記入する。 ・吹き出しなど自分で書き入れながら，そのスペースに合うように台詞を書く。	・スイミーの言ったことは ⬚ に，思ったことは ⬚ に分けて書いてもよいと例示する。
5　想像したスイミーの様子を友達と交流する。 ・書けた子供から交流する。	・書けていない子供とも交流し，アドバイスするよう指示する。
6　想像したスイミーの様子を発表する。	・書いたものを投影しながら発表する。
7　振り返りを行う。次時への見通しをもつ。	

授業技術活用のポイント

　この単元では，学習活動を通して，想像力を豊かに使って物語を読めるようになることが目標である。そのためのポイントは，「子供の読みをできる限りそのまま生かすこと」である。せっかく考えてそれを文字にしたり言葉にしても，否定されたり修正されたりしたのでは，伸び伸びと想像を働かせて読むことに結びつかない。

　そこで，今回は，主として「技術１」で挙げた「吹き出しを活用する」を使い，吹き出しの活用場面の例を示した。あわせて，吹き出しの活用と挿絵の色塗りも付け加えて，提案する。吹き出しの学習活動をしたことがある子供たちであれば，会話文と心内語を分けて指導してもよいだろう。一方で，使い分けをしたことがない場合は，会話に統一して取り組ませ，段階的に心内語も取り入れていった方がよいだろう。また，挿絵の色塗りは，海の様子やスイミーが出会った生き物たちを本文の叙述に沿って，色を選んでいくことで言葉に着目し，より考えを引き出しやすくなると考える。明るい場面と暗い場面など，子供たちは思った以上に微妙に使い分けることができる。それを文章で説明することは難しいが，そのハードルを越えることで子供たちは大きく成長する。

授業技術アップのヒント

　やり方を示すことも重要だが，書いているものが自分の型になるように繰り返し行うことで，子供たちの力が育つことは実感している。１時間，一場面やってみて，書けない子が書けないままだったということはよくあることであるが，諦めずに子供と共に繰り返すことで，子供たちが自分なりの型を見出し，自由自在に活用できるようになるのである。

参考文献：長崎伸仁・石丸憲一（2009）「入門期の古典学習はどうあるべきか─「読み書き融合」で古典に親しむ─」『表現力を鍛える文学の授業』明治図書

第5章　「読むこと」の授業技術　161

9. 読みを深める技術 1
情景描写で読み深める

技術 1　既習の学習材を使い，情景描写に目を向けさせる
技術 2　文種を区別しながら，本文を読み込ませる
技術 3　単元と単元をつなぐ工夫を用いる

　小学校の各教科の学習指導においては，学習指導要領に定められている目標を達成することが求められている。その教科内容を示す重要な言葉として学習用語がある。場合によっては系統性が見えにくく，学びが曖昧になりがちな国語科において，この学習用語の存在は非常に重要である。1時間の授業において何を学んだかが明確になることは，子供たちにとっても教師にとってもとても大切であるし，それが積み重なっていくことで次の学びに生かすことができると学びの実感にもなりうる。このようなことから，学習用語を上手に活用することは，国語科の系統性を意識した学習指導においてとても有効な手立ての一つと言えよう。

　しかし，一方で，学習用語が一人歩きしてしまう状況も多く見られる課題の一つである。例えば，「情景描写」と言っても，言葉の意味を理解しているだけの浅い理解の状態であると次の学習に生かしにくい。そこで，ここでは「情景描写」の読み取り方を工夫し，文章表現に意識的に目が向くような技術を紹介する。

技術 1　既習の学習材を使い，情景描写に目を向けさせる

　現在，国語の教科書に掲載されている文学の単元は各学年3，4本である。その限られた教材数と配当時間のなかで，様々な指導事項を教えなければならないのは，とても難しいことである。

そこで，既習教材を使って，学習用語を復習する方法を紹介する。例えば，「たずねびと」の学習の前に，前学年の「ごんぎつね」の最後の場面を扱って復習を行う。「青いけむりが…」という最後の一文に目を向けさせ，この表現を情景描写ということをおさえてから，「たずねびと」の学習に取り組ませる。そうすることで，情景描写に目を向けながら単元の学習を読み進めることができる。また，情景描写以外の既習の学習用語を復習することで，子供のレディネスが揃って本単元の学習に入ることができるという効果もある。

技術２　文種を区別しながら，本文を読み込ませる

　文種をしっかりと区別しながら読み取りを進めないと，子供も混乱してしまう。例えば，「○○の心情がわかる文章を見つけよう」というめあてで読み取りを進める場合は，「行動描写」「心情描写」「心内語」「会話文」「情景描写」といった用語を確認してから，読み取らせるようにする。そうすることで，子供が文章表現を区別しやすくなる。

　そのなかで，レディネスを生かして情景描写に気がつく子供が出てくるはずなので，全体で取りあげて確認する。最初は少数であるかもしれないが，これを繰り返していくことで，多くの子供が情景描写に気がつくようになっていく。あわせて，そこで情景描写があることのよさを考えさせることで，文章表現に着目しながら読むことのよさを子供が少しずつ感じることができるようになる。

技術３　単元と単元をつなぐ工夫を用いる

　次単元の開始の際には，本単元で学んだこと（学習用語等）を復習してから，初発の感想を書かせるようにする。そうすることで，子供は前単元で学んだことと本単元の学習材とをつなげながら読むことができるようになる。だんだんと文章の内容だけでなく，文章表現に目を留めながら読むことができるようになり，読み方を広げていくことができると考える。

第５章　「読むこと」の授業技術　163

授業技術の活用場面（小学5年）

○単元名：変わるきっかけを考えよう（本時：4/8時）

○教材名：「たずねびと」（光村）

○本時のねらい：おばあさんに会ってからの綾の心情を読み取ることで，おばあさんとの出会いの意味を考える。

学習活動	留意点等
1　本時のめあてを確認する。 おばあさんに会ってからの綾の心情を読み取ろう。	
2　おばあさんに会う場面から，最後まで本文を通読する。 3　本文の綾の心情がわかる部分にサイドラインを引く。 4　サイドラインを引いた部分を共有する。 ・ペアで交流をした後，全体で共有する。 5　川の情景描写があることで，どんなよさがあるかを考え，交流する。	・「行動描写」「心情描写」「心内語」「会話文」「情景描写」などの学習用語を確認しておく。 ・様々な表現を取りあげさせる。 ・最後の場面の川の表現についての発言が出た時点で，全体で共有し，最初の場面の川の様子と比べる。
6　学習のまとめをノートに行う。	・「情景描写」を振り返りの観点として挙げる。

授業技術活用のポイント

　この授業は，多くの根拠となる文から，主人公の綾の心情を読み取ることをねらった授業である。

　「たずねびと」の教材の特性として，多くの根拠となる文から綾の心情の変化が読み取りやすい点が挙げられる。しかし，広島での場面の最初と最後に2回ほど出てくる川の情景描写に子供たちの目を向けさせるには，それなりの手立てが必要である。

　そこで行ったのが，先に述べた既習の学習材を使い，情景描写に目を向けさせる学習活動である。これを行うことで，子供が意識的に，情景描写に目を向けながら，「たずねびと」の本文を読むことができると考えた。

　また，「行動描写」「心情描写」「心内語」「会話文」「情景描写」などの学習用語の定義を確認してから，本文の読み取りの活動に取り組ませる。そうすることで，子供が文章表現を区別しやすくなると考えた。

　情景描写を取りあげた後に必ず行うべきことは，情景描写があることのよさを考えさせることである。子供に「この川の描写があることで，どんなよさがあるかな」「最初と最後の川の様子を比べると，どんなことがわかるかな」と問いかけるようにする。学習用語の意味の理解で終えるのではなく，情景描写があることのよさまで考えることで，文章表現に着目しながら読むことのよさを子供が感じられるようになってくる。

授業技術アップのヒント

　本文の読み取りだけで終わるのではなく，並行読書の作品からお気に入りの情景描写を探してみる学習活動を設定したり，次単元の実施前に本単元の復習（情景描写など）を行ってから学習に入ったりするなどの学習活動の工夫も考えられる。培った読みの力を継続して活用できるような弾力的な学習活動の設定を心がけたい。

第5章　「読むこと」の授業技術　165

10. 読みを深める技術②
板書で読み深める

> 技術1　板書で子供たちの言葉を比較する
> 技術2　板書を通して問い返す
> 技術3　板書を振り返り，読み方を自覚させる

　「読むこと」の授業において，板書の機能は子供たちの読みに大きな影響を与える。書店の教育書コーナーには「全板書シリーズ」という形で，板書を全面に押し出した書籍が並んでおり，板書の果たす役割に大きな期待が寄せられていることは自明の理である。

　板書は，子供たちの言葉を整理すると同時に思考を活性化させる機能も備えている。黒板に刻まれた言葉を見つめ，一度立ち止まって考える場を設定することで，新たな気づきが生まれる。そして，その気づきを生むための「板書のしかけ」は，授業技術として教師が身につけることで活用できる。

　板書のしかけによって子供たちの読みはどのように深まるのか。そして，読みの力として子供たちにどのように蓄積されていくのか。具体的な姿を通して，指導技術の勘所に迫る。

技術1　板書で子供たちの言葉を比較する

　学習課題に対する子供たちの発言を黒板に記録する際には，なるべく端的な言葉で残したい。黒板に残された言葉を見れば，その子供の発言エピソードが頭のなかに思い浮かぶものであればよい。黒板のスペースは限られているため，子供たちの言葉を聞き分けながら板書する技術が必要である。

　そして，残された言葉は点で存在しているのではない。点と点をつなぎ合わせることで，それは線となる。子供たちの読みをつなげながら，どのよう

な解釈が子供の読みを生み出したのかを丁寧に記録し，板書にそのプロセスを残す。いくつかの言葉を観点を決めて比較すると，一つの点だけでは見えなかった読みが見つかる。「同じような言葉」「反対の意味の言葉」という具合に，板書を見つめる視点を与えながら，比較させるとよい。

技術❷　板書を通して問い返す

　比較を通して，言葉や思考がある程度つながったタイミングで，更に読みを深める学びへと進みたい。黒板に広がった子供たちの解釈を見つめさせながら，教師が「問い返し」を行う。

　この問い返しとしては，「この言葉は，黒板の３つの仲間のうち，どれに入りますか」「この仲間に言葉を書き足すとすれば，どんな言葉がありますか」等が考えられる。いずれも，「言葉の分類」を目的とした発問である。このように，問い返しを行う際には，本時のねらいに沿って，明確な意図をもった発問として行う。この問い返しを創り出すことこそ，板書研究の醍醐味であり，日々，磨き続けるなかで研ぎ澄まされていく技術である。

技術❸　板書を振り返り，読み方を自覚させる

　最後は，「読み方の自覚」である。ここまで，学びを深めてくると板書には，子供たちの言葉や思考のつながりが残されているはずである。この学びのプロセスは，子供たちと改めて共有することで，説明的文章や物語文の「読み方」を自覚させることができる。この読み方へとつなげなければ，その場限りの読みとなり，力が他の教材へ転移されない。

　黒板を注視させながら，まずは本時の学習課題を読み解くために，何に着目しながら文章を読んだのか（会話文や情景描写，筆者の主張等）を確認する。そうすることで，読みの目的と手段が確認でき，言葉の抽象度を上げながら「読みの力」を共有することができる。

　全体での確認後には，「この発言は大切だったと思うものはどれ？」と読みの実感を発表させると更に細かな読み方も自覚させることができる。

第5章　「読むこと」の授業技術　167

授業技術の活用場面（小学３年）

○単元名：場面の様子とちいちゃんの思いをくらべながら読もう

（本時：5/10時）

○教材名：「ちいちゃんのかげおくり」（光村）

○本時のねらい：各場面の悲しさを比較することを通して，作品の構造と悲しさの違いを捉えることができる。

学習活動	留意点等
1　1〜5場面の内容を確認し，板書上部にシンプルに整理する。	・場面番号を均等に配置し，その周りにキーワードを記入する。
2　本時のめあてを確認する。 　どの場面が一番，悲しさが伝わってくるかを考えよう。 3　個人の考えをノートにまとめる。 ・5つの場面のなかから一つを選択する。 ・自分の選んだ場面の根拠と理由を書く。 4　個人の考えを発表し，交流する。 ・共通点にはマーキングを行い，相違点には矢印を書き込むことで関係性を可視化する。	・5つの場面の「悲しさ」を比較しながら，共通点や相違点を発見させながら交流する。
5　各場面の様子を整理しながら，それぞれが「明るい」「暗い」のどちらのイメージに当てはまるかを考える。 6　各場面の悲しさを一言にまとめる。 7　本時を振り返る。	・板書に整理された言葉の周りを「明るい＝赤」「暗い＝青」で大きく囲む。 ・板書下段に一言でまとめた「悲しさ」を示す。 ・何に着目しながら読み深めたのか，板書を見ながら確認する。

授業技術活用のポイント

　この授業は，物語全体の構造理解と各場面の「悲しさ」を比較し，その違いを捉えることをねらっている。今回は，このねらいを達成するために，板書がどのような機能を果たすのかに焦点化してポイントを述べる。

　まず，導入では，これまでの授業を振り返りながら，各場面の様子が思い浮かぶキーワードを板書上部に残す。このように，読みの手がかりをいつでも確認できるように板書に残しておくことは，読む活動に苦手意識をもつ子供たちの助けとなる。

　学習課題に対する個人の考えをまとめた後は，板書にそれぞれの立場の根拠と理由を整理する。ここで1〜5場面の「悲しみ」の様子を比較することができる。この作品は全体を通して「悲しさ」を感じるが，「悲しみ」と言っても，場面によってその質は若干変化している。また，「明るい」「暗い」で各場面を表し，赤と青チョークを用いて枠組みを可視化すると作品の全体構造が見えてくる。これも板書を活用した「問い返し」の技術の一つである。

　このように，「比較」「問い返し」の技術を駆使しながら，子供たちの言葉をつなぐことによって本時のねらいを達成することができる。最後は，これらの学びのプロセスを振り返りながら「読みの力」へとつなげたい。本時では，各場面の「悲しさ」を登場人物の行動や会話文に着目しながら整理し，シンプルな言葉でまとめるとそれらの違いを捉えることができるという読み方を経験することができた。

授業技術アップのヒント

　板書で子供たちの言葉を整理した後には，なるべくシンプルな形で捉えることができないか再考したい。本時のように，2色のチョークで色分けする，一言にまとめる方法以外にも，「大切な言葉を一つだけ選ぶ」「板書の分類に新しい言葉を付け加える」といった授業技術も考えられる。

11. 読みを深める技術③
交流で深める

技術❶　目的を明確にした自由な交流をする
技術❷　個別交流を全体交流に生かす
技術❸　「挙手指名方式」ではなく「希望者一斉方式」で意見交流する

　交流のない授業はないだろう。テストなどでない限り，「交流」の時間は必ずと言っていいほど設定されている。では，ほぼ全ての授業で交流の機会が設定されているのはなぜか。それは，「交流」が授業の本質と結びついているからだろう。授業の本質にもつながる「交流」が，子供にとって実りあるものになるためには，何に注意を払い，どうすればよいのか。どのような授業技術が必要になるのか，その具体を以下に述べていく。

技術❶　目的を明確にした自由な交流をする

　交流をするとなると，どのような形態をイメージするだろう。ほとんどの場合，ペアやグループ，あるいは全体などの交流形態をイメージするのではないだろうか。もちろん，状況によっては，ペアやグループなど，決まった単位，メンバーで交流するという状況をつくることも必要だろう。しかし，ペアやグループを多用し，「いつでもペア／いつでもグループ」というように固定的なメンバーでの交流に留めてしまうと，話し合いは形骸化し，停滞を招く可能性がある。そこで重要なのが，「目的を明確にした自由な交流」を行うという点である。例えば，「自分と同じ考えの人を二人探しに行こう」「同じ考えの人同士で集まって，全体交流に向けて作戦会議をしよう」などと投げかけ，自由に交流することを促せば，子供は交流することの必然性を感じながら話し合いの場に臨むことができる。

技術❷　個別交流を全体交流に生かす

　意見と意見が対立したり，互いの考えが重なり合ったりしながら授業が熱を帯び，盛り上がっていくようにするには，個々の考えを引き出し，掛け合わせられるように，教師が全体交流の場をコーディネートしていく必要がある。そこで重要なのが，「個別交流を全体交流に生かす」という点である。個別に交流するなかで出てきた考えや発見を全体の場で取りあげながら交流できるように場を整えていくことによって，授業が活発化し，読みを深めることができる。具体的には，全体交流を行う際に，「それぞれで交流したなかで，『すごいな！』とか『いいな！』と感じた友達の考えはあったかな？」と問いかけ，他者の意見でよかったものを推薦するように促していく方法である。そこで推薦された意見を基にしながら「同じようなことを考えていた人はいたかな？」「全く違う考えをもった人はいたかな？」などと，他の意見を促していくことによって，全体交流を活気づけることができる。

技術❸　「挙手指名方式」ではなく「希望者一斉方式」で意見交流する

　全体交流をする際には，「挙手指名方式」ではなく，「希望者一斉方式」で発言するように場を整えるというのも一つの手である。全体交流の場面でありがちなのが，最初は勢いよく手が挙がっても，一人目の子が発言した後，二人目以降が続きにくい状況に陥るというケースである。理由は様々あるだろうが，発言に向かう熱量が下がってしまうというのが原因の一つとして挙げられるだろう。そこで，そうした状況を打破する手段の一つとして，「希望者一斉方式」での意見交流を行う。全体交流の場で手を挙げた子供を全員立たせて，一人ずつ発言していくのである。この方法のよいところは，発言したいと思った子供を逃さず発言させることができるという点であるが，意見交流の活性化を促すという利点もある。その意見発表の場で更に付け加えるとよいのが，「途中，自分も言いたいと思った人は立っていいよ」と呼びかけることで，より一層意見交流の場を勢いづけることができる。

第5章　「読むこと」の授業技術　171

授業技術の活用場面（小学４年）

○単元名：気持ちの変化に着目して読み，感想を書こう（本時：7/12時）

○教材名：「ごんぎつね」（共通）

○本時のねらい：草稿と改稿を比べて読むことで，物語の面白さを味わえる
　ようにする。

学習活動	留意点等
1　草稿と改稿の違いを確認する。 ⇒教科書に載っているものが，元の文章を書き換えた改稿であることを確認し，草稿を読む。 ⇒草稿が「うれしくなりました」で，改稿が「うなずきました」に変わっていることを確認する。 2　本時のめあてを確認する。 草稿と改稿，どちらがよいかを考えよう。 3　自分の考えをノートに書く。 ⇒どちらがよいか理由も含めてノートに書く。	・草稿が「権狐は，ぐったりなったまま，うれしくなりました」であることを確認する。 ・草稿と改稿の違いを明確にしておく。 ・どんな違いがあるのかを十分に確認した上で課題を提示できるようにする。 ・これまで学習してきた内容を振り返りながら考えるように促す。
4　自由に歩き回り，考えを交流する。 ⇒自分と同じ考えの人がいないかを探しながら交流する。 5　全体で意見交流をする。 ⇒個別に交流した際に，自分と同じ考えでいいなと思った友達の意見を紹介するように促す。	・自分と同じ考えを探しながら交流するように促す。 ・交流した際によい，すごいと思った意見を発表するように促すことで，交流を活気づける。
6　本時の学習をまとめ，振り返りを書く。 ⇒なぜ書き改めたのか，その意図を探りながら，書き方の違いで伝わり方が大きく異なることを確認する。	・改稿の意図は何だったのかを探った上で，表現の微妙な違いで受け取り方が変わることを確認する。

授業技術活用のポイント

　ペアで交流をするにしても，グループで話し合うにしても，あるいは，席を立って自由に交流するにしても，交流の場をつくっていく上で重要なのが，子供が交流の必要性を感じられているかどうかという点である。話し合う必要性を感じないままに交流の場を設定したとしても，子供の読みは深まらない。自分以外の他の友達が，どんな考えをもっているのかが気になり，その考えを聞いてみたいと思う気持ちが生まれなければ，中身の伴った意見交流はできないだろう。

　では，他者の考えが気になり，聞いてみたいと思う気持ちにさせるためにはどうすればよいのだろう。工夫すべきは，学習課題や問いである。さらに，発問を受けての思考のズレを生じさせるような問いを投げかけることが何より重要である。（思考のズレを生むための学習課題・発問の例については，髙橋・三浦（2018）『「読むこと」の授業が10倍面白くなる！国語教師のための読解ツール10＆24の指導アイデア』（明治図書）を参照願いたい。）思考のズレを生むことで，子供は必然的に自分とは違う考えが気になったり，聞いてみたいと思ったりする。他者がどんな考えをもっているかが気になるように意見交流の場を仕組むことができれば，交流は活性化し，読みの深まりを促すことができる。だからこそ，交流を生み出す学習課題や発問にも焦点を当てて考えていきたい。

授業技術アップのヒント

　子供がどのような意見交流の場を求めているのかを把握し，その意に沿う形で設定できるようにすることが重要である。自分と異なる考え方を探す交流がよいのか，同じ考えの者同士で作戦会議的に話し合えるような交流を設定するのがよいのか，提示する学習課題の質や内容にもよるが，どのような交流の場を設定すればよいかを見極める目をもつことが重要になる。子供のニーズを把握し，それに応じて交流の場を設けられるようにしたい。

第5章　「読むこと」の授業技術　173

12. 読みを深める技術④
書き方の効果に着目する

技術① 内容と構造を把握させてから，書き方に着目させる
技術② 教師がリライトした資料と比較させる
技術③ 「もう一押し」の指導をする

　説明的文章の指導において注意しなければならない点の一つに，「内容理解に終始しない」という点が挙げられる。例えば，「たんぽぽの　ちえ」（光村図書，2年）では，たんぽぽの子孫を増やしていくための知恵について詳しくなることを目指すのではなく，順序を表す言葉や理由を表す文末表現を捉えて読めるようになることが重要である。筆者は，「読者が内容や主張をよりよく理解できるように」書き方を工夫している。この筆者の書き方の工夫やその「効果」について気づき学んでいくことが，文章を正確に読み取り，自分の考えを適切に表現する力につながっていく。とは言え，子供たちが説明的文章を初読した際にまず反応するのは，「初めて知った」「おどろいた」などの内容面であり，指導なしに子供たち自ら書き方の工夫に気づかせることは難しい。また，何の積み重ねもなく直接的に「どんな書き方の工夫をしていますか？」と問うても，「何について，どのように言えばいいのか」に窮してしまい，書き方の工夫やその効果について学びを実感させることは難しいであろう。そこで，筆者の書き方の工夫やその効果についての学びを実感させるとともに，学びを積み重ねていく授業技術について紹介する。

技術① 内容と構造を把握させてから，書き方に着目させる

　子供たちは一度や二度の授業で，内容や構造の大体の把握をできているだろうか。内容や構造の大体を把握できていないのに，書き方の工夫やよさに

ついて十分に理解をさせることは難しいであろう。そこで毎回の授業の序盤に，一部の言葉を変更した「ダウト文」を正しい言葉になおさせたり，段落冒頭の文を書いた「センテンスカード」をバラバラに提示し，正しい順序に並び替えさせたりして，テンポよく内容や構造を把握させていく。さらに，間違いを指摘させるだけでなく「どうしてこの書き方ではダメなの？」「どうしてこの順序だとダメなの？」などと問い返すことで，筆者の書き方の工夫について，自然な思考の流れで気づかせることができる。

技術❷　教師がリライトした資料と比較させる

筆者の書き方の工夫やそのよさは，「工夫のない」文（文章）と比較させることでより鮮明になってくる。例えば，「問いの文」のよさに気づかせるのであれば，「問いの文」が無い文章を教師がリライトして，「どっちの方がよいか」や「この文があることのよさは何か」を問う。「クイズみたいで読む人を引きつける」「どんなことが書かれているのかがわかる」といった「問いの文」の効果について子供から気づきを引き出すことができるだろう。このように比較対象を用意することで，子供の気づきを引き出し，納得感をもった理解を促すことができる。

技術❸　「もう一押し」の指導をする

筆者の書き方の工夫について，「まとめを書いたから」「自分から気づいたから」といって，子供たちが理解したと考えるのは尚早である。「実はよくわかっていなかった」ということは往々として起こりうる。そこで，理解の定着を図る「もう一押し」の指導を行う。例えば，「各事例の書き方が，『種類の名前』『はたらき』『つくり』の同じ順序になっていることで，説明がわかりやすくなっている」ことを気づかせた後には，この書き方の工夫を適用して，他の事例の文章を組み立てさせる課題に取り組ませる。一人一人の課題への取り組みについて評価したり，助言したりすることで，より一層の理解の定着を図ることができる。

第5章　「読むこと」の授業技術　175

授業技術の活用場面（小学3年）

○単元名：くらべて読もう（本時：4/8時）

○教材名：「こまを楽しむ」（光村）

○本時のねらい：段落の中心となる文を捉え，文章の組み立て方の工夫に気づくことができる。

学習活動	留意点等
1　本時のめあてを確認する。 　　「中」のせつ明のよいところを見つけよう。	・問い①は赤画用紙，問い②は青画用紙に書いて提示する。
2　「ダウト文」を訂正しながら本文を読む。 ・鳴りごま…「どうの横にもよう」→「あな」 ・ずぐり…「心ぼうの先がとがって」→「丸く」など 3　事例の書き方の工夫を見つける。 ・問いに対する答えを見つける。 ・答えが段落の中心であることを捉える。 ・どの事例も同じ組み立てであることに気づく。 4　書き方の工夫の効果について考える。 5　振り返りをし，ノートにまとめる。 ・答えが先に書いてあるとわかりやすい。 ・組み立てが同じ順序だとわかりやすい。 6　適用問題に取り組む。 ・学習内容を使ってベーゴマの説明をする。	・「楽しみ方」と「つくり」が合わないセンテンスカードを提示し，「なぜだめなのか」を問う。 ・センテンスカードの字を「こまの種類」→赤，「楽しみ方」→青，「つくり」→黒にして問いの文の色と対応させる。 ・「つくり」→「楽しみ方」→「こまの種類」の順に変えた文章と比較させる。 ・「どうしてこの書き方がよいのか」を問い，子供の言葉でまとめる。 ・教師が用意した文を修正させる。

176

授業技術活用のポイント

　この授業は，３年生で初めて学ぶ説明的文章単元で，筆者の書き方の工夫や効果について子供たちの気づきから理解を深めることをねらいとしている。

　まずは，前時に学習した二つの「問いの文」について確認し，赤と青といった色分けをして提示する。その後に提示する各事例のセンテンスカードも，「こまの種類」「楽しみ方」を問いの文と同じ色にして，対応関係がわかりやすいようにしておく。この色分けを手がかりに，子供たちは全ての事例が「こまの種類」「楽しみ方」「つくり」の順序で書かれていることに気づくであろう。その後，「どうして同じ順で書いているんだろう。例えばこんな順で書いたらだめかな？」と投げかけ，「ボールのような丸いどうをしています。とちゅうから回り方がかわり，その動きを楽しめる，さか立ちごまです」といった組み立てを入れ替えた文章を提示する。子供たちは「答えが先に書いてある方がわかりやすい」「他のこまと同じ順序で説明した方がわかりやすい」と書き方の工夫の効果について，子供たち自身の言葉で言語化することができるだろう。さらに，適用問題に取り組ませる。例えば，「かたいきんぞくでできています。だれがさいごまで回っているかのしょうぶを楽しむベーゴマです」といった文を提示し，筆者の書き方の工夫を適用した文章に書き換えさせる。教師は，一人一人のノートを評価することで，学習内容の定着を図っていく。

授業技術アップのヒント

　内容の理解を先にし，書き方の工夫について比較を通して考えさせ，もう一押しの指導をしたとしても，学習した内容を思い出したり活用したりする機会がなければ学びは風化していくだろう。書き方の工夫は単元内で活用させるだけでなく，他教科での課題や総合的な学習の時間，日記を書く機会などにも活用させていきたい。それが学びの積み重ねにつながり，日常生活に生きる言葉の力にもつながっていくだろう。

13. 読みを深める技術⑤
経験を踏まえながら読む

技術**1**　「自分にとっての一番」を考えさせる
技術**2**　書かせて引き出して価値づける
技術**3**　「自分も…」だけでなく「自分にはない」など，自分に引きつけるバリエーションを増やす

　文章を読むとは，様々な階層の存在する行為である。文字面を単に読みあげる行為も文章を読むと言えるし，文章内容を字面のまま理解することも，はたまた自分に引きつけて自分の経験を踏まえて理解することも，全て「文章を読む」という行為である。これらのなかでも，やはり自分の経験を踏まえ，自分の経験や知識と文章内容とを結びつけながら理解することは，高次元の読解である。これができてこそ，本当の意味で「読んだ」と言えると考える。もちろん国語科学習指導要領にも，小学1・2年から指導事項として設定されており，非常に重要視されている。

　しかしながら，子供たちに文章を読ませ，自分の経験や知識と結びつけさせていくことは，容易なことではなく，自然発生することではない。教師による発問や言葉がけ，価値づけ等をして子供たちが意識的に自分の経験や知識と文章内容とを結びつけていくことができるようにする必要がある。そのための授業技術について述べていく。

技術**1**　「自分にとっての一番」を考えさせる

　経験を踏まえて読ませるということは，簡単に言えば「その『人』をくぐらせた読み」をさせるということである。文章に書かれていることを文字面のまま受け取らせるのではなく，文章内容を自分という個性のある一人の人間のフィルターに通させるわけである。しかし，放っておいても子供はなか

なか自分というフィルターを通そうとしない。文章内容をどこか自分とは遠いものと捉えているようである。

そこで，教師による発問の工夫が必要である。例えば，事例が列挙される説明的文章を学習する際に，「どれが一番すごいと思った？」と発問する。すると，子供たちは「自分にとっての一番」を決めるために，「これは知らなかったから」とか「○○だと思っていたのに」などと自分の経験や知識を総動員させて文章内容と結びつけ始める。

技術❷　書かせて引き出して価値づける

経験を踏まえた読みをさせる，ということは「○○して，××して…」といったように言葉で伝えて指導すればできるようになるものでもない。実際にやらせてみて，よい読みが子供たちのなかから出てきたときにそれを価値づけて，広げていき，徐々に多くの子供が会得していく，というような一種の「技」のような側面もあるだろう。

そこで，子供たちに文章を読ませ，そこで頭に思い浮かんだことをとにかく書かせていく。例えば，説明文の一つの段落を読み5分間考えたことを書かせる。そうして書かせたものに教師が目を通す。そのなかには，必ず自分に引きつけて読み，経験や知識と文章内容を結びつけたものが出てくる。それを教師が価値づけ，こういう読みが深い読みであり，面白いよね，と学級全体に広げていく。一見地道ではあるが，確実に子供たちの読みが変わる。

技術❸　「自分も…」だけでなく「自分にはない」など，自分に引きつけるバリエーションを増やす

自分に引きつけた読みとして，「自分も…」と共感的に読む読み方がある。しかし，これ一辺倒では，自分からは少し距離のある文章を自分に引きつけて読むことが難しくなる。そこで，「自分にはない」と自分との相違点を探しながら読む読み方も明示的に指導していく。例えば伝記を読んだときに，「これは自分にはできない」というところを探させるなどである。

第5章　「読むこと」の授業技術　179

授業技術の活用場面（小学5年）

○単元名：伝記を読み，自分の生き方について考えよう（本時：4/5時）
○教材名：「やなせたかし──アンパンマンの勇気」（光村）
○本時のねらい：文章を自分に引きつけて読み，自分の考えをもつことがで
　きる。

学習活動	留意点等
1　本時のめあてを確認する。 　「たかし」の考え方や生き方への自分の考えをまとめよう。	・前時までに出来事やたかしの考え方について確認していることを想起させる。
2　めあてを意識しながら全文を音読する。 ・自分が思う，「たかし」の一番すごいと思うところは何か考えながら音読する。 3　「たかし」の一番すごいと思ったことをノートにまとめる。 ・「自分もこういうことがあった」など共感的に読む。 ・「自分にはできない」など自分との相違点を探しながら読む。 ・これらを踏まえて総合的に「一番すごい」と思ったところを決め，その理由を書く。	・めあてを意識しながら全文を概観させる。 ・どのように「一番すごい」を決めるか，読み方を例示する。 ・具体的な自分のエピソードも交えてノートに書くよう声をかける。 ・最終的には，一つに絞るようにさせる。
4　3で決めたことを中心に，「たかし」の生き方や考え方について自分の考えを200字程度でまとめる。 ・書いた文章を読み合い，感想を交流する。 5　振り返りをし，次時の見通しをもつ。 ・他の伝記も同様に読み，考えをまとめることを知る。	・自分が思う，「たかし」の一番すごいところを中心にまとめさせる。 ・端末を使用し，読み合うことで効率的に交流する。 ・同様の読み方で他の伝記も読めることを伝える。

授業技術活用のポイント

　この授業は，前時までに読み取った出来事や人物の考え方を踏まえて，人物の考え方や生き方に対する自分の考えをまとめる学習をする。前時まではどちらかと言うと，本文を正確に読み取ることが主なのに対し，本時はそれらを踏まえ，自分の経験や知識と結びつけて考え，自分の考えをまとめることが主である。

　しかし，子供たちにとって偉人は遠過ぎる存在であり，自分に引きつけて読むのはなかなか難しい。自分と歳の近い登場人物が出てくる物語などは，子供たちにとって身近であるので，「自分もこういうことがあった」と自分の経験と結びつけたり，共通点を見つけたりするのは比較的容易であろう。一方，伝記で扱われるような偉人とはなかなか共通点は見つからない。

　そこで，「自分にはこうはできない」という自分との相違点を探させていく読みもさせるとよい。例えば，「たかしは売れなくてもあきらめなかったけれど，自分は一度だめだとあきらめてしまうことが多い。あのときも…」などと，自分には出来なかったという経験と結びつけさせていくのである。このような読みも，自分に引きつけた読みであり，経験を踏まえた読みの一種と言える。このとき，なるべく自分の具体的なエピソードと結びつけさせることが重要である。そうしないと「なんとなく自分には出来なそう」と，自分に引きつけきれていない，他人事の読みに陥るからである。

　こうした読みもさせた後，総合的に「一番すごいと思うところ」を決めさせ文章にまとめさせる。すると，自分の経験を踏まえた感想になりやすい。

授業技術アップのヒント

　「経験と結びつけてみましょう」などと口で伝えるのは簡単だが，実際にそれを行うのは難しい。であるから，国語教師には，どうすれば自然と子供が望ましい読みができるのかを常に考えることが求められる。そしてそれを引き出し，価値づけ，定着させていく地道な指導が必要である。

第5章　「読むこと」の授業技術　181

14. 考えの形成を促す技術

> 技術① 子供の「判断」を促すような問いかけをする
> 技術② 「自分」を主語に置いた「追い発問」で深める
> 技術③ 毎回の授業の終わりに振り返りの時間を設ける

　平成29年改訂学習指導要領の国語科において，各領域の学習過程に「考えの形成」が位置づけられた。「読むこと」における「考えの形成」について，「解説」では，「文章の構造と内容を捉え，精査・解釈することを通して理解したことに基づいて，自分の既有の知識や様々な体験と結び付けて感想をもったり考えをまとめたりしていくこと」と示されている。

　このなかで，「考えの形成」を目指す上で大切なことが二つ挙げられるだろう。一つは，子供が元々もっている知識や体験と結びつけて「考えの形成」を行うということである。文章を読んで理解したことから，「前に学習したことと関係しているな」「そういえば自分にもこんなことがあったな」などの実感が子供のなかで生まれることで「考えの形成」の質はより深まる。次に，文章について理解したことに基づいて「考えの形成」を行うということである。好き勝手に何でも考えればよいというわけではなく，そのときに扱う文章から学習したことを基に考える必要がある。以上のことを踏まえ，本稿では「考えの形成」を促す授業技術について次の3つを提案する。

技術① 子供の「判断」を促すような問いかけをする

　算数科は具体的な数量や図形などを題材にして問題を解くため，具体的な解決方法や明確な正解を求めやすいと言える。一方で，国語科は言葉を扱う教科であるため，どのように考えたり表現したりすればよいのかが抽象的になりやすいと言える。そのため，「読むこと」の学習においても「さあ，文

章を読んで考えたことをまとめましょう」といきなり指示を出したところで，子供たちは何をどのように考えたらよいのか困ってしまう。そこで，子供たちが考えをもちやすくするために追加の発問として，「Ａ，Ｂ，Ｃのなかから一つを選んでみましょう」とか，「５段階のどこに当てはまると思いますか」など，子供に「判断」を迫ることで「考えの形成」のきっかけをつくることにつなげることができる。

技術❷　「自分」を主語に置いた「追い発問」で深める

　「考えの形成」では，子供が元々もっている知識や経験が大切になることは先に述べた通りである。子供が自分のことと結びつけて考えをもてるようにするために，補助的に問う発問の際の主語を「自分」にして投げかける。例えば，「自分は，○○についてどのように思うかをまとめましょう」のような具合である。当然，目的によっては「この文章は，…か」，「作者は，…か」，「筆者は，…か」のような発問も大切であり，それらについて考えた上で，子供が自分のことを省みるきっかけを促すために，「自分は，…か」と問いを重ねると効果的である。

技術❸　毎回の授業の終わりに振り返りの時間を設ける

　子供が叙述や描写を基に想像したことや解釈したことなどがたくさん出し合えるのが「読むこと」の学習の魅力と言える。その上で，拡散した思考を収束させることで，子供は学んだことを明確に自覚できる。このように，「何を学んだのか」が子供のなかではっきりすれば，文章について理解したことを基にした「考えの形成」につながるだろう。そこで，毎回の授業の終わりに振り返りの時間を設けるようにする。振り返りの視点を示し，子供がその授業を見つめなおす機会をつくり，学んだことを明示的に自覚することで，「考えの形成」につなげられるようにしたい。

参考文献：長崎伸仁（2014）『「判断」でしかける発問で文学・説明文の授業をつくる』学事出版

授業技術の活用場面（小学5年）

○単元名：事例と意見の関係をおさえて読み，考えたことを伝え合おう

（本時：5/6時）

○教材名：「想像力のスイッチを入れよう」（光村）

○本時のねらい：文章を読んで理解を深めたことを基に，自分の経験などを
踏まえて考えをまとめることができる。

学習活動	留意点等
1　単元目標を確認する。 2　本時のめあてを確認する。 　筆者の考えに対する自分の考えをまとめよう。 3　筆者の主張についての今の考えをノートに書き出す。 ・4つを同列に扱う子供が多いので，どれも大事だという考えをおさえておく。	・箇条書きや短文でもよいので，まずは考えを明らかにしておく。
4　筆者が提示する4つの「想像力のスイッチ」で自分はどのスイッチが一番大事だと思うかを考え，理由とともにまとめる。	・まずは4つの選択肢から一つを選ぶことを促し，考えをもてるようにする。
5　どのスイッチを選んだかを全体で出し合う。 ・一つに絞るのではないことを前提として話し合う。 6　友達と考えを伝え合ったり，全体で意見を出し合ったりする。 ・それぞれの考え方のなかに学ぶものがあることに気づいていく。	・人数を確かめ，そのばらつきから友達の考えに対する関心が高まるようにする。 ・叙述や自分の経験を根拠に理由を述べている子供を価値づける。
7　本時の振り返りをする。	・視点を示すことで，振り返りの質と量を保障できるようにする。

授業技術活用のポイント

　考えの形成として，「『想像力のスイッチ』大事レポート」を書くことを設定し，単元のはじめに子供たちに伝えておく。本時は，精査・解釈の最後の時間であり，考えの形成につながる時間でもある。

　本時では，まず，筆者の主張に対するそれぞれがどう受け止めているかをノートにまとめることから始めていく。各自，「どれも大切だ」というスタンスを離れない範囲で考えを書くだろう。そこで，一つ一つの「スイッチ」について更に考えを深くするために，「追い発問」として，「自分は，どのスイッチが一番大事だと思うか」を問う。この追い発問のポイントは３つある。1つは，４つのスイッチから一つを選ばなければならない状況をつくり出すことで，思考が活性化される点である。2つは，発問の主語を「自分」とすることで，正解を見つけることよりも自分なりの考えを生むことに重きを置いている点である。その際，文章に立ち返らせたり，これまでの自分の経験を想起させたりする言葉がけをすることで，子供が考えをもちやすくなるようになる。3つは，子供のなかで自分の考えをもつことのハードルが下げられるようにする点である。その際，「まずは４つのスイッチのなかから一つを選べただけでも，自分の考えをもつ第一歩になりますよ」のような言葉をかけることで，考えをもちにくい子供も安心して取り組めるだろう。

　さらに，授業の終わりの振り返りで，自分の考えが深まっていった経緯を思い出し，価値づけられるようにすると，追い発問が子供の追究の手立てとして取り込まれることになる。

授業技術アップのヒント

　「読むこと」における「考えの形成」は，子供にどのようなことを考えさせたいのか「ゴール」を明確にすることで，必要な学習活動が見えてくる。そのように意識することで，教師も明確にゴールを目指すようになり，授業技術アップにつながると考え，稿者自身も実践に取り組んでいる。

15. 楽しんで読むための技術

技術1 学びのベースを整える
技術2 「気持ちは？」とストレートに問うことの角度を変える
技術3 主観的な読みと客観的な読みを往還する

　子供たちが楽しんで読むためには，まず教師自身が教材を一読者として，読み味わうことが大切である。なぜなら，子供たちと同じ目線で読み浸ることで，その教材の面白さを感じることができるからである。教材研究の際は，「問い」をノート等に箇条書きし，その後，たくさん出した「問い」を精選することをすすめたい。そして，それら一つ一つの「問い」がぶつ切りにならないよう，単元をデザインしていくことが大切である。

　国語科学習指導要領では，「読むこと」の指導事項（低学年）として，「登場人物の行動を具体的に想像すること」と示されている。つまり，低学年の「読むこと」の学習において，登場人物（特に中心人物）に寄り添った読み方を求められていることがわかる。稿者は，テクストを自分事として読むことを「主観的な読み」，テクストの構造を分析的に読むことを「客観的な読み」であると位置づけている。そこで，常に主観的に読むだけでは想像が広がってしまうだけで空想に陥ってしまう。一方で，常に客観的に読むだけでは，分析的な読みに留まってしまい，物語の本来の楽しさを味わうことにつながらない。したがって，テクストを自分事として読む「主観的な読み」とテクストの構造を分析的に読む「客観的な読み」を往還することで読み深めることができる。予定された発問を補う「つなぎの発問」を巧みに繰り出すことで，この両者のバランスをとる方向で進めることができる。そして，多面的・多角的な見方・考え方を育てることにつながり，文学の楽しさをより一層味わうにもつながるだろう。

技術1　学びのベースを整える

　授業の導入では，子供たちが楽しく学ぶことができるように，クイズ形式で既習事項の確認を行うとよい。「この物語の題名は何？」「この物語の作者は誰？」「この物語は全部で何場面？」などと問い，テンポよく確認していく。テンポよく確認することで，既習事項の確認のみならず，授業に対する子供たちの興味や関心を引き出すこともできる。また，場面の番号を板書に提示し，物語の構造を可視化することで子供の学びのベースを整えることができる。つまり，板書に構造を可視化したことで，物語の場面を想起することにもつながり，分析的な読みを促すきっかけにもなる。

技術2　「気持ちは？」とストレートに問うことの角度を変える

　「第3場面の登場人物の気持ちは？」「第4場面の登場人物の気持ちは？」と気持ちを問うばかりの授業をしていないだろうか。登場人物の気持ちを問えば問うほど，どのように読んだらよいのか，子供たちの困った顔が思い浮かぶ。登場人物の気持ちを直接的に問うだけでなく，角度を変えて，間接的に問いなおすことで子供たちの思考を広げることができる。例えば，「お手紙」では，「かえるくんは，がまくんにお手紙のことを伝えてもよかったかな？」と問えば，より深い読みを促すことにつながる。

技術3　主観的な読みと客観的な読みを往還する

　主観的な読みと客観的な読みを往還するためには，用意された発問の「つなぎの発問」を工夫することが重要である。自分と登場人物を比較し，自分事と捉えられるようにしたり，物語の構造を分析的に読むことができるようにしたりするつなぎの発問を心がけるとよい。例えば，「自分がかえるくんだったらどうする？」と主観を問うたり，「かたつむりくんでよかった？」と客観を問うたりする。このように，主観的な読みと客観的な読みを往還することで，思考を広げたり深めたりして楽しんで読むことができるだろう。

授業技術の活用場面（小学2年）

○単元名：行どうの理ゆうを考えよう（本時：7/11時）

○教材名：「お手紙」（光村，東書）

○本時のねらい：お手紙のことを伝えてしまったかえるくんの行動を具体的
　　に想像することができる。

学習活動	留意点等
1　場面を確認し，物語の構造を捉える。 2　本時のめあてを確認する。 お手紙のことをつたえたかえるくんの気もちを読みとろう。 3　どう思っていたのかを話し合う。	・考えていることを率直に話し合う。
4　お手紙のことをがまくんに伝えてよかったかについて考え，話し合う。 ・伝えてよかったか，よくなかったかを選択し，その根拠や理由をノートに書く。 ・隣同士でペアになり，考えを伝え合う。 ・自分とは違う考えの友達と交流する。 5　学級全体で交流する。 ・どうしてかえるくんは，がまくんに伝えることになってしまったのかについて考える。	・かえるくんの行動を客観的に読むことができるようにする。 ・よかった：赤帽子，よくなかった：白帽子を被り，意見の違う人と交流するように伝える。 ・かえるくんの行動の原因を探ることができるようにする。
6　振り返りをする。 ・「もしも自分がかえるくんだったら…」と考え，ワークシートに書く。	・「もしも自分だったら…」と問い，主観的に読めるようにする。

授業技術活用のポイント

　これまでの授業で，かえるくんががまくんにサプライズで驚かせるために，急いで家に帰って手紙を書いたことを読み取っている。この授業では，まず，めあてについて直接的に考えることから入っていく。直観的に考えたことをそのまま発表させていくなかで，理由がはっきりしないままでの話し合いになっていく。

　そこで，「かえるくんは，がまくんにお手紙のことを伝えてよかったのか？」と分析的に読む問いを提示する。対比型の板書を用いて，子供たちの思考を可視化し，子供の言葉を比較・分類・関連づけていく。子供が思考の広がりを見せた後，「かえるくんはどうして伝えることになってしまったのか？」と深める発問を行う。

　そして，読み深めた後に，「もしも自分がかえるくんだったら…？」と主観的な読みを促すよう問う。これにより登場人物の言動を自分事として捉え，自分と登場人物を読み重ねる。「自分だったら，サプライズにならないから伝えない」「ずっと伝えないのは，がまくんがかわいそう」など，主観的な読みと客観的な読みを往還することで，作品を更に読み浸ることができるのである。

授業技術アップのヒント

　１時間の授業のなかで，主観的な読みと客観的な読みが往還しないこともあるだろう。また，授業の展開によっては，主観的な読みが入口となる場合も考えられる。単元をデザインする上で，「主観的な読みと客観的な読みとが往還する」という読み方を教師が引き出しとしてもっておくことが授業技術アップのヒントとなる。

参考文献：長崎伸仁（2016）『「判断」をうながす文学の授業　気持ちを直接問わない授業展開』三省堂

16. 授業をまとめる技術

技術1	テンプレートを使ってまとめる
技術2	子供にまとめを委ねる
技術3	オープンエンドな終わりをつくる

　読むことの授業のまとめこそ，授業をする教師によって様々なやり方で行われているといってよい状況である。大きく分けると，教師の話す言葉でまとめる，教師が板書にまとめたものを書き写す，子供たちにまとめを話させる，子供たちに自分の言葉で書かせるといったところである。様々な形があってもよいと言いたいところだが，教師が授業のポイントと考えていることを教師の言葉で（あるいは，あたかも子供から出てきた体で）まとめてしまうのはできるだけ避けたい。なぜなら，子供たちの多様な読みを生かした授業をしたいと言っていながら，それまでの多様な子供たちの読みが絡んできたプロセスを，教師の考えている読みの形にまとめてしまうとしたら，求めてきた多様性を台無しにしてしまうからである。

　このように考えると，読むことの授業のまとめは，教師の授業づくりの哲学を反映したものであるべきであり，それをいかに具体化するかがまとめに関わる授業技術の有無にかかっていると言える。そこで，本稿では，「読みは多様である」という考え方に沿った授業技術をレベルの順に挙げておく。

技術1　テンプレートを使ってまとめる

　多様な読みが生じた授業の象徴としてのまとめをしたいが，まだ子供たちにそこまでの力が付いていないというときは，テンプレートを使ってまとめることをおすすめする。

　自由にまとめさせると書けなかったり，漠然としたことばかりを書いて終

わってしまう。逆に，細かく注文を付けると，ほとんどの子供が教師の期待したことを書くようになってしまう。そこで，書きやすさ，考えやすさのためにモデル文を作り，読み取りの結果を表す部分を穴あきにすることで，子供の考えを反映しやすくし，結果的に多様な読みの授業ができたと子供が思えるようにするのである。そのとき，「兵十に『おまいだったのか』と言われたごんの気持ちのうち一番大きかったのは[　　　　　　　　]だと思う。理由は，[　　　　　　　　　　　　　　　　　　　　]だからだ。」のように，うまく理由までまとめさせるのがより優れた技術である。

技術❷　子供にまとめを委ねる

　テンプレートを使いこなせるようになったら，次第に子供たちにまとめを委ねるようにする。テンプレート（雛形）が子供たちの頭のなかに入っていて，それを自分たちで必要に応じて引き出していくように仕向けるのである。「どのようにまとめたらいいかな？」とか「自分の言葉でまとめることできるかな？」といった言葉がけにより，子供たちの心をザワつかせながらまとめに入っていくことで，子供たちの意欲を高めていく。自分たちはうまくまとめることができると思わせる言葉がけの技術がポイントである。

技術❸　オープンエンドな終わりをつくる

　1時間1時間の読み取りが充実することはとても大切だが，それらが独立し過ぎていてはせっかく読み取ったことが広がりをもたずもったいないことになる。読みの上に読みを重ねることにより，重層的な深い読みになるのである。そこで，本時での読みの結果を確定したものにせず，ある程度オープンエンドの形にし，次の授業にその問いを解き明かすヒントがあるかもしれないと思わせるようにしたい。「読みは刻々と変わるもの」という意識を教師がもっていることで，オープンエンドなまとめをすることにつながる。

授業技術の活用場面（小学5年）

○単元名：心に残る表現を見つけよう（本時：3/6時）

○教材名：「大造じいさんとガン（がん）」（共通）

○本時のねらい：1場面と2場面の大造じいさんの心情を比較し，残雪への思いの変化を読み取る。

学習活動	留意点等
1　本時のめあてを確認する。 　1場面から2場面での大造じいさんの残雪に対する気持ちの変化を考えよう。	・1時間で二つの場面を読むので，大事な点を見つけて読み取りをしていくことを告げる。
2　1場面，2場面それぞれの大造じいさんの残雪に対する気持ちの表れている表現を見つける。 ・各自教科書に傍線を引く。 ・出し合う。	・直接的な表現だけでなく，間接的に読み取れることに目を向けられるよう助言する。
3　1場面，2場面の気持ちを考えた上で，変化について読み取る。 ・各場面の心情をノートに書く。 ・発表し，変化について話し合う。	・2で取り出した本文に書かれていることを根拠にして考えることを協調する。
4　「ううむ。」と「ううん。」が表すことをそれぞれ一言で表現してまとめる。 ・これまでに捉えた変化を再度場面に戻して表現する。 ・板書で対比的にまとめる。	・それぞれの場面を象徴する言葉の意味を考えることで，1時間のまとめがスムーズにできるようにする。
5　振り返りをする。	・読み取りの満足度を文章に表現できるようにする。

授業技術活用のポイント

「大造じいさんとガン（がん）」１場面と２場面について，時間があればそれぞれ１時間ずつを配当し，じっくり読ませたいところであるが，この授業では，単元への配当時間が限られていることを踏まえて二つの場面をまとめて読み取ろうとする展開となっている。まず，それぞれの場面での大造じいさんの残雪への気持ちの表れている表現を見つけ，それぞれの場面の心情を捉える。その上で，その間の変化について考え，話し合う。

ここまでは主として全体での読み取りをしているが，まとめの段階では，それまでの読みを踏まえ，各自の読みに委ね，子供一人一人の読みとしてまとめさせたい。そこで，二つの場面を象徴する「ううむ。」と「ううん。」という二つの言葉がどういう気持ちを表しているかをシンプルに表現させることで，これまでの読み取りを振り返り，自分の言葉でまとめる活動をする。「技術１」で紹介したテンプレートよりは高度であるが，二つのことを比較しながらまとめることで，それぞれを別々に考えるよりも取り組みやすくなる。まとめとは言っても，文章化することのハードルを低くしてあげることで，より深い思考を引き出すことにつながるのである。また，自分の言葉で短い表現のまとめをすることで，級友との違いを可視化し，自分の読みを客観視することにもつながるのである。その際，板書で対比的にあるいは象徴的に板書などでまとめることで，それぞれの子供が自分のまとめを全体のなかで位置づけることにつながっていく。

授業技術アップのヒント

まとめと言うと毎時間同じような形になり，固定化してしまいそうだが，その時間の読みをそのまままとめるのではなく，その子なりの表現に変換できるような形にまとめていく。そうすることで，まとめが教師の授業過程の一つとしてだけのものではなく，子供たちの学習という経験になっていくのである。

第５章 「読むこと」の授業技術　193

17. 振り返りのための技術

技術**1**　自分の読みについてのメタ認知を促す
技術**2**　新たな課題を引き出す
技術**3**　まとめの機能をもたせる

　読むことの授業における振り返りがどの程度日常的な活動として行われているかを手許にあるこの2年ほどに立ち会った授業の指導案に見てみると，意外と「振り返り」と明示して行われていることは少ない。多くは，本時のまとめを書いて，教師がまとめをして終わるものになっている。読み取りのまとめと振り返りの両方を位置づけることは時間的にも難しいものと思われるが，それでも振り返りを入れた方がよいのかどうかについても考える必要がありそうである。

　読むことの学習で振り返りをすることの意義としては，「①授業に参加した全員で作りあげた読みの確認，②全体での読みと自分の読みの関係をつかむこと，③次の読みの課題の確認と足がかりづくり，④学び方についての振り返り」が挙げられる。内容のまとめであれば，①②についてはおさえられる。一方，振り返りでは主として③④について考えられる。まとめと振り返りの両方をする時間を確保できないのであれば，まとめと振り返りを同時に行えるようなまとめまたは振り返りの設定をすることがこの問題を解決する近道である。

技術**1**　自分の読みについてのメタ認知を促す

　授業で行われる読み取り（読解）は，数多くの意見によって補完されながら出来あがっていくので，学級という集団によって創られるものと考えてよい。それを振り返りまとめるだけでは，「個別」の読みというものがなかな

か成立しない状況が生まれる。そこで，全体での読みを踏まえながら，それぞれの子供が自分の読みがどのあたりにあるのかを確認する作業を位置づけたい。黙っていては子供たちは授業のまとめだけに終わってしまうので，例えば，授業中の意見が分かれた論点があれば，「自分はどちらの考えだったかを考えながらまとめよう」といった教師の意図的な言葉がけが必要である。それが読みへのメタ認知を促す授業技術となる。

技術❷　新たな課題を引き出す

　子供自身による問いづくりが盛んに行われるようになってきているが，それは単元の読み始めの段階だけで行うものではない。読みを重ねるごとに生まれてくるものであるから中盤，終盤でこそよい問いをつくることにつながるのである。とは言ってもそこにあてる時間をとることはできないだろう。そこで，振り返りの観点の一つに，授業中に生まれた疑問を書くことを促したい。本質に関わるような疑問はしっかりと読めていないと生まれてこないので，読み取りの過程を充実させることはもちろん重要だが，内面に潜んでいる疑問を顕在化することにより，読み取り自体が充実したものになることもある。子供たちにいかに疑問をもたせ，それを次の時間の問いに繰り入れるか，それが授業技術である。

技術❸　まとめの機能をもたせる

　本稿の冒頭でも述べたように，振り返りをまとめを兼ねたものにすることで，振り返りの意義はより大きいものになる。ただし，振り返り＝内容の確認＋学びの確認ではない。両方をそれぞれにするのでは，時間も2倍かかる。振り返り＝内容の確認×学びの確認とし，「この学び方をしたら，この内容をこんな風に深めることができた」というように両者を関係づけながら考えられるようにするのである。やったことを記録する振り返りから，やったことの意味を見出す振り返りにすることが授業技術となる。

第5章　「読むこと」の授業技術　195

授業技術の活用場面（小学４年）

○単元名：ごんと兵十の変化について考えよう（本時：6/10時）

○教材名：「ごんぎつね」（共通）

○本時のねらい：兵十の後をついていったごんの心情について，「引き合わないなあ」という言葉をヒントにして考えることができる。

学習活動	留意点等
1　本時のめあてを確認する。 　兵十の後をついていったごんの気持ちを考えよう。 2　４場面，５場面を音読し，ごんの心情が伝わってくるところを見つける。 ・一番伝わってくるところを探すようにする。 3　兵十の後をついていったごんの心情を各自まとめ，話し合う。 ・どの言葉からそう考えたのかを書けるようにする。 4　「引き合わないなあ」という言葉の奥にあるごんの気持ちを考える。 ・自分の考えと「引き合わないなあ」とがどのように結びつくかを考える。	・子供が解決の見通しをもつことができるようなめあてを設定する。 ・まずは心情を読み取る根拠となる表現を見つけることで取り組みやすくする。 ・取りあげた表現により解釈が異なることに気づき，その違いをまとめようとするような方向づけをする。 ・場面の最後の台詞との関連づけを考えることで，自分の考えを更に深められるようにする。
5　振り返りをする。 「今日の学習を振り返りながら，次の授業に役立ちそうなことも書けるといいですね」 ・振り返りの視点として，「今日学んだこと」「考えに役立った友達の意見」「授業中に生まれた疑問」「次の授業に役立ちそうなこと」を挙げる。	・振り返りの視点を複数挙げ，そのなかから自分の学びに合うものを選んで書けるようにする。 ・机間指導をしながら個に応じて書けそうな観点をすすめていく。

196

授業技術活用のポイント

　本時は，「ごんぎつね」のクライマックスにつながる場面である。兵十の後をついていったごんが，「神様のしわざ」と言われ，「引き合わないなあ」とつぶやくのであるが，それは以前の場面での読みを考えると違和感を感じるものである。「償いをしたい」という思いと，「自分がやっていることをわかってほしい」という思いが混在している複雑さについて考える授業と言ってよい。

　このような読み取りを踏まえての振り返りでは，何を考えまとめさせたらよいか。指導案では，「今日学んだこと」「考えに役立った友達の意見」「授業中に生まれた疑問」「次の授業に役立ちそうなこと」を挙げている。これらの全てを満たすことができれば，先に挙げた，「自分の読みについてのメタ認知を促す」「新たな課題を引き出す」「まとめの機能をもたせる」という３つの要件を満たすことになるが，全てについてワークシートなどで項目立てして書かせると浅く広くになってしまう。そこで，本時の内容に応じて，今日はこんなことを書くとよいということを少しずつ強調しておく。基本は子供たち自身が授業で印象に残ったことを取りあげるのだが，教師が期待することを子供たちが押しつけられたと感じない程度にうっすらと示しておくことが，質の高い振り返りを実現できる教師の授業技術と言える。

　さらに，子供たちが書いた振り返りについては，次時の予告をしながら，次時に向けて生かせることや疑問を挙げた子供の振り返りを取りあげて，次時につなげるようにするとよい。

授業技術アップのヒント

　読むことは時数が多いので，振り返りの機会も多くなり，繰り返すことで書きぶりもよくなっていく。そのためにも，本時の内容に対してどのような振り返りをしたらよいかを，子供たちの主体性を損なわない程度に伝えることが重要である。

【執筆者紹介】（＊は執筆箇所）

石丸　憲一	創価大学大学院教職研究科	＊C1-1・3，C2-3，C4-10・11，C5-16・17
穐山　直人	新宿区立西戸山小学校	＊C5-5
安達真理子	カリタス小学校	＊C2-4，C4-3・7
上山　伸幸	創価大学教育学部	＊C1-2，C2-10，C3-3・4・8
内山　季方	宇都宮市立東小学校	＊C2-11，C5-3
小黒　竜太	座間市立相模中学校	＊C3-1，C4-5
川上　翔大	川崎市立はるひ野小学校	＊C5-6
土居　正博	川崎市立はるひ野小学校	＊C2-1，C4-4，C5-9・13
沼田　拓弥	八王子市立第三小学校	＊C2-5，C3-10，C4-9，C5-10
橋口　美香	江東区立臨海小学校	＊C5-8
土方　大輔	練馬区立向山小学校	＊C2-2・6，C4-2・6
平田　貴子	八王子市立松木小学校	＊C5-2
槇原　宏樹	創価中学校	＊C2-7，C3-6・9
正木　友則	岡山理科大学教育学部	＊C1-4，C5-7
増田　英夫	武蔵野市立本宿小学校	＊C5-4
三浦　　剛	東京学芸大学附属世田谷小学校	＊C2-8・9，C4-1，C5-11
安井　　望	横須賀市立夏島小学校	＊C3-7，C4-8
山野　　健	世田谷区立玉川小学校	＊C5-1
山本　伸雄	東大和市立第六小学校	＊C3-5，C5-12
遊免　大輝	大阪市立友渕小学校	＊C3-2，C5-15
余保　賢一	大田区立松仙小学校	＊C5-14

【編著者紹介】
石丸 憲一（いしまる　けんいち）
創価大学大学院教職研究科研究科長・教授。兵庫教育大学大学院修了。研究領域は，国語教育，道徳教育。
主な著書に，『「考えの形成」を促す文学の授業』，『Chromebookでつくる小学校国語の授業』，『ザワつく道徳授業のすすめ』（いずれも明治図書）がある。Mail：140ken@gmail.com

【著者紹介】
東京・国語教育探究の会
（とうきょう・こくごきょういくたんきゅうのかい）
2008年発足。理念・方法を固定せず，実践と理論の往還より，真の子供たちのためになる国語授業を目指す。毎月の例会と，8月に開催する国語教育実践研究大会で切磋琢磨している。

国語教師のための授業技術コンプリート

2024年9月初版第1刷刊 ©編著者	石　丸　憲　一
著　者	東京・国語教育探究の会
発行者	藤　原　光　政
発行所	明治図書出版株式会社

http://www.meijitosho.co.jp
（企画）木山麻衣子（校正）有海有理
〒114-0023　東京都北区滝野川7-46-1
振替00160-5-151318　電話03(5907)6702
ご注文窓口　電話03(5907)6668

＊検印省略　　組版所　日本ハイコム株式会社

本書の無断コピーは，著作権・出版権にふれます。ご注意ください。

Printed in Japan　　ISBN978-4-18-399528-5
もれなくクーポンがもらえる！読者アンケートはこちらから

小学校国語科
考えの形成を促す
説明文の発問・交流モデル

石丸 憲一 編／東京・国語教育探究の会 著

「読むこと」の学習プロセスのゴールとして示された「考えの形成」。その考え方がわかる理論とともに深い学びを実現する教材の特性を生かした構造と内容の把握、精査・解釈、共有の工夫のポイントを授業の流れやルーブリックを含む評価や発問モデルとともに詳しく紹介。

Ｂ５判 120 ページ／定価 2,266 円(10% 税込)
図書番号 3947

小学校国語科
考えの形成を促す
文学の発問・交流モデル

石丸 憲一 編／東京・国語教育探究の会 著

「読むこと」の学習プロセスのゴールとして示された「考えの形成」。その考え方がわかる理論とともに深い学びを実現する教材の特性を生かした構造と内容の把握、精査・解釈、共有の工夫のポイントを授業の流れやルーブリックを含む評価や発問モデルとともに詳しく紹介。

Ｂ５判 120 ページ／定価 2,200 円(10% 税込)
図書番号 3948

Chromebook でつくる
小学校国語の授業

石丸 憲一・正木 友則・上山 伸幸 著

Chromebook を活用した「話すこと・聞くこと」「書くこと」「読むこと」の授業づくりの基礎・基本から、環境のつくり方、Jamboard やドキュメントを使った定番教材などの授業プランまで、小学校国語科の１人１台端末授業をフルサポートする１冊です！

Ａ５判 168 ページ／定価 2,200 円(10% 税込)
図書番号 3428

Chromebook でつくる
中学校国語の授業

石丸 憲一 編著
正木 友則・上山 伸幸・槙原 宏樹・小黒 竜太 著

Chromebook を活用した「話すこと・聞くこと」「書くこと」「読むこと」の授業づくりの基礎・基本から、Jamboard やドキュメントを使った 38 の教科書教材に対応した授業プランまで、中学校国語科の１人１台端末授業をフルサポートする１冊です！

Ａ５判 176 ページ／定価 2,266 円(10% 税込)
図書番号 2664

明治図書　携帯・スマートフォンからは 明治図書 ONLINEへ　書籍の検索、注文ができます。▶▶▶
http://www.meijitosho.co.jp　＊併記4桁の図書番号（英数字）で、HP、携帯での検索・注文が簡単に行えます。
〒114-0023　東京都北区滝野川 7-46-1　ご注文窓口　TEL 03-5907-6668　FAX 050-3156-2790